今宵酒醒何处

柳永词传

杨柳 / 著

中国华侨出版社

北京

前言

PREFACE

　　自古至今，他的名字如雷贯耳，宋时歌姬舞女中便盛传"不愿君王召，愿得柳七叫；不愿千黄金，愿得柳七心；不愿神仙见，愿识柳七面"的歌谣，后世也有"凡有井水处，即能歌柳词"的影响，时至今日，谁人不知那一句唱落离人泪的"杨柳岸、晓风残月"。他闪耀如夜空中最亮的那一颗星，纵使在如漆夜幕上群星璀璨，他也从不逊色。可是，泱泱宋史中无论列传还是文苑，都不见他的名字，持一杆春秋之笔的史官们，心照不宣地遗忘了他。

　　柳永，一生风流的他，在务本理道的统治者眼里无疑是个异类，御笔挥就"且去浅斟低唱，何要浮名"，他的仕途就此画了句号。纵使他穷尽一生摇摆在"奉旨填词"和汲汲功名之间，最后也不过得个屯田员外郎的从六品京官，还受尽漂泊羁旅之苦和失意落魄之痛。

　　很多人爱他，他亦爱过很多人。人人都说欢场中不过逢场作戏，欢爱时你侬我侬，过后不过萍水路人，可他偏偏捧出了一颗真心。在他看来，青楼里的佳人们并不是只有精致容颜和婀娜身段，她们那总是被人忽略的才情、性情、真情，他愿意接纳，感恩，珍存，并回报以热烈而真挚的感情。两情相悦是世上最美之事，幸而在他灰雾弥漫的人生里，也有过那样鲜艳且幸福的时光。

　　他求功名，历尽坎坷也没什么大的成就；他贪温情，可又有大半岁月耗在了孤独的羁旅漂泊中。他的词里布满伤痕，俱是萧索，纵然偶尔有一抹亮色，或是写在少年不识愁滋味的年华里，或是潜藏着干谒恭维的难言心机。

　　想弃了浮华，醉了烟花，终是不舍；想远了脂粉，一心求仕，也未成行。若即若离，不进不退，这简直是世上最尴尬的距离。他一身桀骜，泯灭在仓皇岁月里；他满腹愁肠，却到人生谢幕也保留着三分轻狂。

　　他的一生心事已全部托付在一卷《乐章集》中，只要去读便好，纵使心潮澎湃有万语千言，但凡说出来就会变了味道。

　　他的爱恨情仇、喜怒哀乐，都是路边最美的风景，花红草绿、燕语莺啼、水秀山清，还有佳人唱着动听的曲子，不需走到尽头，已是心神俱醉。

目录

CONTENTS

1

今宵酒醒何处 柳永词传

第一章

自古英雄出少年

少年才华初显

尚在幼时的柳三变就已经开始了辗转漂泊。自出生起，他就跟随仕途不定的父亲柳宜辗转于沂州费县、濮州、全州、扬州等地。少年人不懂离别的痛，这可真是一桩幸事。至于千山万水的路途上，那戴月踏雪、舟车颠簸的烦扰，自有大人来操心，和他也没多少关系。

齐鲁的阴阳昏晓青嶂红日，江南的十里春风碧荷摇曳，岭南的梅香杉叶雁荡苍山，在幼童柳三变的眼里，就像父亲书箱里这本书册与那本典籍里的芸香签，形雷同味相似，并不能在小孩子那方狭窄的心湖里掀起多大的波澜。

他或许也有过一点悲伤，毕竟刚刚熟悉起来的风景与玩伴，转眼就被飞旋的车轮甩在了身后。沙尘扬起，柳枝送客，他不懂父亲为什么总在路上。而这个问题，纵使穷尽他毕生时光，也未必能换得个明确的答案。

他们在很多地方落脚，然后又挥手道别。一路上有莺啼燕语，流水淙淙，环佩叮当，还有些不知名的曲调，如珠落玉盘，荡到柳家儿郎的耳中，撩起莫名的心痒。

除了这些，耳畔一直未止的，还有父亲柳宜那悠长的叹息。

年幼的柳三变还有大把无知的快乐时光，"南唐旧臣"这顶帽子有多重，他还不必去揣摩。

柳氏一族的故乡，在东南沿海的文风昌盛之地。柳三变的祖父柳崇，字子高，以儒学闻名，五代烽烟四起，战乱纷纭，中原板荡，柳崇隐居在故乡福建崇安县五夫里的金鹅峰下。这人迹罕至的偏僻地，有一日却迎来了朝廷的大员，来召柳崇出山为官。柳崇淡然拱手：家有高堂恐无人奉养，恕不能奉诏！

后来，柳崇果然毕生未仕，老于布衣。这位信奉"读圣人书，朝闻道，夕死可矣"的纯粹儒者，并没有阻拦儿子们的求仕之路。柳崇膝下六子，皆入仕为官。其中长子柳宜，最初以布衣身份呈上奏疏，畅言时政得失，颇受南唐国主李煜的赏识。柳宜性格刚正不阿，又有点文人傲骨，再加上后来身处监察御史的位置，屡屡直言犯谏。他的好友王禹偁曾在《送柳宜通判全州序》中称，柳宜"多所弹劾，不避权贵，故秉政者尤忌之"。

待北宋的猎猎战旗插上南唐国都金陵的城墙，再到三年后李煜被宋太宗赏赐的一杯牵机药夺了性命，按照话本演义的套路，国已破君已亡，有骨气的文人士子就该沉河投缳，仿佛如此才不会辜负忠君报国的天命，如此才是个皆大欢喜的结局。

可是，死亡究竟有多么恐怖，非濒死之人恐怕难以体会分毫。

柳宜最终选择降宋。南唐臣子的身份不是与生俱来的胎记，柳宜穷尽前半生所学才换来一顶乌纱，孰料风吹便落。后半生里，这身份成了一块刺眼的伤疤，他就像受了烙刑的囚犯，只有盖棺入土之后，背叛的罪证才会被遮掩起来。

虽然宋主认为柳宜"识理体而合经义"，却终究不肯托付全部的信任。这也不能指责新朝廷心胸狭隘，对旧日有嫌隙的邻居，请入厅堂奉茶一盏已足够友好，若再容他大摇大摆登堂入室，未免太过草率。

这道理柳宜自然懂得，却也难免一声长叹。

宋太宗雍熙元年（984年），柳三变出生。此时柳宜已经四十六岁了，仍宦游于州县之间，担任一些无关紧要的闲职。三变是柳宜最小的儿子，他上有两位兄长，分别名为三复、三接。族中所有男孩子排起辈分来，他是行七的，于是亲密的人也唤他"柳七"。

"三变"二字取自《论语》："君子有三变：望之俨然，即之也温，听其言也厉。"君子当如此：远望他，觉得庄重严肃，接近他，又觉温和可亲，再听谈吐，只觉严厉不苟。这是孔门十哲之一的子夏眼中的君子气度，或许是以他的老师孔子为蓝本也未可知。

柳宜给幼子取了一个寓意很深、背负极重的名字，但这名字始终没给柳七带来一点好运，直到后来改名为"永"，柳三变的仕途才堪堪见了些许光亮。不过，这是后话了。

在柳宜沉重又沉痛的宦游时光里，柳三变度过了童年。受父亲与叔叔们属意仕途的影响，再加上家族儒学传统的浸润，他自小学习举业，也是冲着一朝科举及第、百年封妻荫子的荣耀而去的。

等太宗至道年间他随着失意的父亲回到故乡，这一番志向更加坚定了。

在推崇儒家礼法的崇安白水村，六子入仕的柳家甚为乡里推重。柳三变一回到故乡，就从乡民们热切的目光里，隐约体会到了才学与权势能带给人的快感。彼时他已是十三岁的少年，未来在他眼里灿若群星，但群星环绕下最让人心动旌摇的那轮圆月，便是黄金铺地、玉石为阶的仕途。虽说高处不胜寒，但谁愿做总向低处蜿蜒而去的流水呢？

聪慧的少年潜心求学，又有父亲和塾师指点，很快便在当地崭露头角，连两位兄长也不及他。他十四岁时写的一篇习作，诉尽凌云志向。

父母养其子而不教，是不爱其子也。虽教而不严，是亦不爱其子也。父母教而不学，是子不爱其身也。虽学而不勤，是亦不爱其身也。是故养子必教，教则必严，严则必勤，勤则必成。学则庶人之子为公卿；不学则公卿之子为庶人。

——《劝学文》

他是出身仕宦的孩子，优越于庶民，但和公卿之家比起来，终究差了几分。父亲郁郁寡欢的神情，像唢呐吹响的一支悲伤曲子，嘀嘀嗒嗒，吹得三变的心一阵紧过一阵。三变盼着自己有朝一日科举及第、拜相封侯，才不枉父亲的多年教诲，或许，还能熨平他额间越来越深的纹路。

十几岁的少年，正处在人生中最蓬勃的春季。即使再老成稳重，也仍旧是孩子，活泼的天性让人无法按捺下涌动的好奇。更何况，自小读书伴着行路的柳三变，已在漫长的路途中拥有了于刹那间捕捉山水之美的能力。

困于学问藩篱毕竟枯燥，幸有闽西北的九曲东流和苍翠林木，点缀出一片桃源。滚落悬崖的飞瀑，环抱群山的流水，神剜鬼刻的奇石，红绮白练般的云霞，都是柳三变的朋侣友伴，也成了他笔下的常客。

> 攀萝蹑石落崔嵬，千万峰中梵室开。
>
> 僧向半空为世界，眼看平地起风雷。
>
> 猿偷晓果升松去，竹逗清流入槛来。
>
> 旬月经游殊不厌，欲归回首更迟回。
>
> ——《题中峰寺》

这是他为家乡名胜中峰山、中峰寺留下的诗篇，对仗工整，声韵错落，遗憾的是意境落了平凡。刚刚开始学习声律的少年，被眼前千峰万壑的壮美、梵音回响的空寂、猿腾虎跃的喧闹、竹逗清流的清新，醉得神魂颠倒，便兴致勃勃地留下了这篇练习之作。

小作初成，宣纸上墨迹未干，柳三变也有过片刻得意。他委实应该得意——倘若一个人，眼睛能看遍风景，心灵能绽放诗意，双手能书会写，再拥有把涌动的诗情从心中写到纸上的能力，何其有幸！

可是，当那一份得意和满足退潮，三变再读这首诗，总觉得如隔靴搔痒，怎么也触不到心中蠢蠢欲动的莫名思绪。笔墨里少了些什么，竟每每让人意犹未尽，难以尽欢。

功名词名都要

夜阑人静，柳三变读罢经典，在昏黄的灯光下合上书卷，偶尔会想起过去在扬州的时光。那时候父亲任扬州善赞大夫，三变终日在府内读书练字，与兄弟玩耍游戏，偶尔还会跟随父亲闲游扬州。

十里杨柳，千层云荡，万朵花开，这是他记忆里的扬州。城北清秀狭长的碧湖上，飘飘然一条画舫驶过，落红飞絮迷人眼，人仿佛将要融化在这烟花三月里。船上有歌女舞姬，从翠帷绣幕中隐隐露出半个身子，面容都是模糊的，但声音十分清晰，咿咿呀呀，唱的尽是李后主、温飞卿、韦端己那些镂玉雕琼、裁花剪叶的句子。

父亲轻哼一声，斥道：簸弄风月，不过艳科而已！

虽对风月情思还不甚明了，但柳三变确确实实被这"艳科"熏酥了筋骨，醉软了心肠，以至于后来在无数难眠的夜晚，常有浓情艳思、旖旎柔媚的调子在耳畔回荡。

当他再读到这阕流传于家乡的无名氏所写的《眉峰碧》，就像年至衰鬓，意料之外地邂逅了儿时在费县的黄口玩伴，他突然就懂得了让自己牵肠挂肚的是什么，也明白了自己的诗里究竟缺少了什么。"蹙破眉峰碧，纤手还重执。镇日相看未足时，便忍使、鸳鸯只。薄暮投村驿，风雨愁通夕。窗外芭蕉窗里人，分叶上、心头滴。"

或是羁旅在外的清秀男子，或是蹙破愁眉的美丽思妇，记录下了这一腔如雨打芭蕉的心曲。笔者的姓名已经成为被时光掩埋的秘密，其间情思却如一坛愈久愈香的佳酿，经了春花秋月、夏雷冬雪，依旧醉人。

柳三变恍然惊觉，以前自己写的诗里有眼前景、身边事，却少了心底情。于是，再精美的文字，再工稳的对仗，都算不上锦绣文章，不过如同干巴巴的败絮，嚼之无味，弃之也不必可惜。

能令人在割舍时痛不欲生的，若非物质上太过贵重，便是精神上不容轻薄。柳三变希望自己能写下让旁人无力更改，不能丢弃一字的词章。《眉峰碧》的悠扬曲调在田垄山间回荡，昔日在扬州听到的音律词令也穿云破月而来，又顺便卷来扬州飞絮，撩得人鼻头发痒，连心尖仿佛也生了野草，柳三变慌了手脚。

除了功名，词名他也想要。那一年，柳三变十六岁，在崇安读无名氏词一阕，从此生了一颗词心。

对这首具有启蒙意味的词，他喜爱到了何种程度？

据说他将《眉峰碧》题写在墙壁上，反复吟诵，不知厌倦。待词名大振后，还把这件事讲给相好的歌伎听，或是为了博佳人一笑，或是情到浓时恨不得来一场精神上的裸奔，想让心灵与肉体一样，全与对方裸裎相对。多情种的赤子心，常常是一种尴尬的存在，让人欲舍而难离，欲信又止步。

再后来，那个并未在柳七的风流情史上留下姓名的歌伎，又把此事告与他人，不知是筵席间话头你追我赶才随意吐露，还是为了炫耀与当世才子的一度春风。总之，就像春风拂过不会留下冬天的死角，名人的八卦，也不会错过任何一颗好奇心。

坊间盛传，柳永读《眉峰碧》后"悟作词章法"，让原本只是崇安民谣的小令，一夜间风靡全国。甚至到了北宋末年，作词比做帝王更好的宋徽宗赵佶读罢，还御笔亲批："此词甚佳，不知何人作，奏来！"可惜词臣曹组四处寻访，终究一无所获。

徽宗年间，词体俨然已可与诗并驾齐驱，正如赤日中天，娇花吐蕊。可是，在柳永生活的北宋初期，词虽不再被视为异端，到底还是不入流的。宋初词承花间派而来，柳三变年少时，张先、晏殊等宋词大家也是舞勺之年，尚无作为。所以，柳七的文学给养只能来自李煜、温庭筠、冯延巳等花间词人的作品，以及少许民间歌词俚语。

"绮筵公子，绣幌佳人，递叶叶之花笺，文抽丽锦；举纤纤之玉指，拍按香檀，不无清绝之词，用助妖娆之态。"这几乎是《花间集》的全部内容了。少年柳三变沉醉于温柔香软的词乡，筋酥骨软，无力抽身，显然与父亲柳宜的期待背道而驰。

柳宜斥词为"艳科"，其态度的轻蔑与不屑如墨染素衣、星缀夜幕，再鲜明不过。柳七虽然认为词体有无限广阔的空间可以开掘，甚至可在将来与诗媲美，但他的这些想法还是模糊的，又无意触犯父亲的权威，所以，他尽量把对词曲的恋慕收敛起来，专心学业。

即使偶作词篇，也是偷偷摸摸的。《乐章集》中保留下来的少年柳七写于崇安的词作较少，一方面固然是因为他早年对这种新体音乐文学的掌握不够娴熟，另一方面大抵也与父亲的反对态度脱不开干系。待到后来他策马北上，远离了父亲不动声色的权威，就像鸟入林，跃上枝头高声吟唱，又似蛟入渊，直把一潭原本平静的词海翻搅得巨浪滔滔。

在崇安的练笔词作里，《巫山一段云》当是他现存最早的作品。

六六真游洞，三三物外天。九班麟稳破非烟，何处按云轩。

昨夜麻姑陪宴，又话蓬莱清浅。几回山脚弄云涛，仿佛见金鳌。

——《巫山一段云》

如仙山道乡一样的胜地，就是柳七家乡附近的武夷山。武夷山是道教名山，北宋道教昌盛，道士多如牛毛，连儒生都以穿道服为风尚。游览武夷山，生发些与神仙相关的联想，再正常不过。

武夷山三十六峰与山间九曲溪是词中"六六"和"三三"的实指，亦可理解为道家神仙居住的三十六洞天和九天之外。少年置身于烟雾缭绕的青峰碧水间，仿佛在仙踪云海里，云气在身边流动，似有神仙驱云为车，穿行不绝。

他想象着自己和麻姑一起到天庭为西王母祝寿，听着麻姑讲述三次见证沧海变桑田的经历，第四次时还看见蓬莱水突然变得清而浅。这番境遇不过是麻姑生命中的一瞬，人间却已过了千年万年，灰飞烟灭的除了生命，还有原本期待能够万古的伟业和英名。这世上，除了精神不殒，原来并无其他能够不朽。等到柳七从幻想的仙境跌回现实，看着山脚下翻涌波动的云涛，似乎是海上负山而行的金色大鳌正在翻搅拨弄。

同样是游山之作，相比更早的七律诗《题中峰寺》，柳七的词里多了瑰丽诡谲的想象。对自由的向往、对永恒的审视，虽被寄托在缥缈的神仙道说里，但毕竟已开始呈现出属于柳七的特色，丰富而单纯，仿佛在与自然和人生之美窃窃耳语——即便只游一座山峦，却仿佛能窥见山的心事。

《巫山一段云》必然也不会被扣上"艳科"的帽子。纵情声色的现世享乐，末路狂欢的绝望迷恋，都与这首游山词毫无关系。这是他为告别旖旎柔媚的花间小令所迈出的第一步，虽然此后兜兜转转并未脱离婉约词的本质，但这一步，毕竟是跨出去了。

在少年柳三变成为大词人柳永之前，确实是单纯向往，又耐心经营着他的词名。

才子佳人同心

　　随父亲回到崇安后，直到十九岁之前，自幼年就多漂泊的柳七度过了几年安稳的时光。他牢记儒家"修身，齐家，治国，平天下"的教诲，勤修经典，常常读书到夜半，身边唯有一支明烛相伴。在他辞世后，白水村的村民把柳宅旁边的两座山分别命名为笔架山和蜡烛山，以纪念柳七并勉励后人。

　　距离柳宅不远处还有一条河流蜿蜒而过，人称柳叶河。每日晨间雾气还未散去，或者日暮晚霞还没褪色的时候，柳七就蹲在河边一块大青石上，临水运笔，在平滑如镜的水面上练字。时间久了，水边青石上竟然不见苔藓，还隐隐可见模糊的脚印痕迹。乡亲们每逢婚丧嫁娶，常来向他求对联，人称"柳联"，而留着脚印痕迹的那块大青石，则被称为"磨砺石"。

　　这段时光，无疑是美好的。山在，水在，大地在，岁月在。人间正花红，青春正年少，他有书可读，有理想可追，有亲人相伴，有众人追捧。若再邂逅一段两情相悦的爱恋，堪称美满。

十六岁到十九岁之间，在长辈的主持下，柳三变在故乡娶妻。史书中关于词人的记载已凤毛麟角，对他的妻子的记载就更是遍寻不着。

这个与旷世才子携手成婚的神秘女人，竟然都未能像柳七后来结识的虫娘、心娘等歌姬舞女一样，在卷帙浩繁的柳词里留下芳名。或许是幸福来得太过突然，让少年彷徨得不知该如何拥抱这种喜悦；或许是爱得太深切，深切到自私，自私到不愿分享点滴欢愉，唯恐遭到岁月觊觎。

古人不仅有早婚习俗，还讲究门当户对——以柳家在崇安的名望地位，再加上柳三变与其兄三复、三接被誉为"柳氏三绝"，早已名声在外，想来他的妻子肯定不会是寻常人家的女儿，即使不是出身钟鸣鼎食的名门望族，也当是个知书达理、端庄贤淑的大家闺秀。柳七的词里虽未记录下她的芳名，倒也并非全无踪迹可寻。

飞琼伴侣，偶别珠宫，未返神仙行缀。取次梳妆，寻常言语，有得几多姝丽。拟把名花比。恐旁人笑我，谈何容易。细思算、奇葩艳卉，惟是深红浅白而已。争如这多情，占得人间，千娇百媚。

须信画堂绣阁，皓月清风，忍把光阴轻弃。自古及今，佳人才子，少得当年双美。且恁相偎倚。未消得、怜我多才多艺。愿奶奶、兰心蕙性，枕前言下，表余心意。为盟誓。今生断不孤鸳被。

——《玉女摇仙佩》

她是像许飞琼一样的仙女，偶别天宫才来到这千娇百媚的人间。只是寻常梳妆，未做丝毫刻意打扮，就已经美得超过了人间几多姝丽。其容颜之美好，姿态之妖娆，竟让才华横溢的词人寻不到合适的赞美之词。以花比喻美人，这向来是古典文化中常见的传统，但词人一经思量，却觉得此举会唐突佳人——百花园里的奇葩艳卉，不过是深红浅白而已，哪里比得上佳人妩媚多情，简直占尽人间春色。

以名花为喻仍觉不足，于是翻出新意，虽并未作直白刻画，但曼妙佳人的娉婷身影，已如雪里的红梅、婴孩的表情、初恋的心跳一样，异常生动。

这番审慎而小心的掂量，如同捧着易碎的青花瓷，然瓷器清冽冰凉，不及词人那颗怦怦跳动的心脏，令人倍感温柔滚烫。

看来，这桩始于父母之命、媒妁之言的婚姻，于柳永而言，是圆满到令人简直忍不住要欢呼雀跃的。在诗词、戏文里看过太多因父母干涉而错失真爱的悲剧，柳七这一腔发自内心的喜悦，真如燥热夏日里的一阵穿堂风，令每根毛发都舒爽到战栗。

爱越深，就越贪心，贪恋柔情，贪恋光阴。新婚的情侣携手同行，穿过画堂绣阁，望皓月沐清风，只盼着时光就停驻在这美好的一刻，不再向前。佳人倾心词人的才华横溢，词人爱慕佳人的兰心蕙性，两人相偎相依，许下盟约。

今世来生，你在，我也在，互不辜负，互不背弃，这是多美的约定。

人生弹指芳菲暮。人到暮年，多已抖落了来路上沾惹的游丝尘屑，渐渐归于清醒的迟钝——洞察一切，却不再跃跃欲试地炫耀智慧，不再执着于过去的恨，也不再挑战眼前的爱。一方心田，从幼年的一片荒芜，最终归于老迈时的荒芜一片，其间再多收获，最终也归了淡然。倘若在最好的年华，心田里的情花绚如红霞，恰好遇到了一个让你怦然心动的人，又恰好，你爱慕的人也爱慕着你，世上最顺遂的爱情，便是如此了吧！

柳七和他的妻子，大抵就是这样爱慕着对方。情爱面前，他们大方坦承对彼此的爱恋，许下相伴不离的盟誓。来世太远，看不见触不到，今生不离不弃，已是极好。

"自古及今，佳人才子，少得当年双美。"在《玉女摇仙佩》里，柳七第一次提到他推崇的爱情观。郎才女貌、情投意合的结合，是他期冀和坚持的，此后诸多词篇中，皆可见他的执着。词人对爱情的强烈召唤，是对当时门第观念的挑战和反抗，但不可否认的是，他收获的圆满婚姻，正是他所反对的制度所赐予的。

此时的柳七，还是封建家族囚笼里的一头幼兽，尖牙利爪还未长成。虽然多年后他以浪漫而放荡不羁的性格自嘲，并嘲弄那中规中矩的世俗，但在故乡崇安时，如果落地的红轿里并没有走出这位如同离宫仙子的佳人，也不知多情如柳郎，是否有勇气以区区螳臂反抗父权的车轮，乃至与家族抗衡，以此捍卫他那才子佳人的美梦。

所有假设，不过是后人为了满足意淫前者的需要，而故意设下的圈套。当时的柳七，并无心思过多考虑。既然缘分是天赐，何必追问为什么和自己携手入了洞房的偏偏是那个人。

新婚宴尔，柳七欢喜得如痴如醉。

满搦宫腰纤细。年纪方当笄岁。刚被风流沾惹，与合垂杨双髻。初学严妆，如描似削身材，怯雨羞云情意。举措多娇媚。

争奈心性，未会先怜佳婿。长是夜深，不肯便入鸳被。与解罗裳，盈盈背立银釭，却道你但先睡。

——《斗百花》

他的妻子正当笄岁，就像刚出水的菡萏，叶之清新与花之浓艳，相辅相成，生出别样的风流。妻子挽起云髻，初学盛妆，亭亭而立，有少女初嫁的含羞带怯，又有新婚少妇的妩媚天成。夜深正当好眠，怯雨羞云的新嫁娘轻解罗裳，银灯的昏黄光亮投射在白似雪软如酥的肌肤上，宛若一幅被时光催黄的旧时仕女图。画中人垂着头敛着手，眼波流转，对夫婿喃喃低语："你只管先去睡吧！"

或许是年轻风流的柳七把闺房逗趣写得太过"本色"，以至于后世学者中将其视为"毒草"的大有人在。再精进的笔法，疏漏于轻佻，也难免招来非议。屏风后、帷幕中，不管弥漫着怎样的旖旎春情，似乎天生就该笼上一层纱。朦胧含蓄的撩拨是美，一旦撩得太过，掀开纱帐，恐怕就无美可言只剩羞耻了。

他把新婚闺情的题材引入了词里，却未能低眉迎合传统意义上的含蓄原则。要有风情，又不能伤了雅道，古人为文，要求实在不少，尽是些鱼和熊掌兼得的贪婪念想。后来词人如张先、晏殊、周邦彦等，皆深谙此道，不像柳七，做着才子佳人的梦，负上了"好色而淫"的名声。倘论文人风流，倒也不完全是个坏名声；若慕功名学海，这大概已为他后来的命运埋下了危险的伏笔。

少年易分难聚

"那时我们有梦，关于文学，关于爱情，关于穿越世界的旅行。"不论古今，很多文人都揣着一个出走的梦。逃离熟悉的地方，到陌生处寻找风景，似乎他乡的土壤里，必定能开出不一样的花朵。有人会对陌生产生恐惧，更多的人，因陌生而心安——毕竟那些陌生的目光，纵如利剑也不易刺穿防备重重的心房，不像熟悉的人，常常轻易戳中死穴。

至于那遥不可及的地方究竟有什么让人心驰神往，说不清。因为未知，才要去探寻。于是，他们有一千种理由，前赴后继地告别家乡，踏上征途。

周游列国，把思想的种子撒播在每寸沃土，期待有朝一日破土冲天，泽及当世，荫庇后人，这是孔子疲马凋车流离辗转的初衷，他由此成为圣人；攀上峭壁悬崖，穿过险滩激流，山脉就是骨骼，河流就是血管，手中那叠厚厚的纸簿，书画着万里神州的经络，古来哪位旅行家，还能如徐霞客一样，把人生几十载活得霞光绽放，侠义风发。

出走的理由千种万种，但如孔圣人与徐霞客一样胸怀如此伟大理想的毕竟是少数。大多数人如柳七一样，是奔着功名去的。宋真宗咸平五年（1002 年），十九岁的柳三变在故乡通过了乡试，准备离开崇安，前往汴京应礼部试。

召唤着柳七的，除了京都的一顶乌纱帽，还有路途上可能遭遇的无尽奇遇。幼年时还不懂体会途中的悲欢离合，长大后却对未知的地方充满好奇。每次出发都是一次探险，冒险是男人的天性，无论是征服一个女人，还是征服一条路，都足够令人血液沸腾。此时唯一令他眷恋的，便是已征服的温柔乡。

启程的日子一天天迫近，分离之苦一日日聚合，痛似凌迟。年轻贤淑的妻子为柳七打理好行装，嘱咐的话已说了一遍又一遍，令人耳中生茧，她忍不住要再次说起，又怕对方厌烦，一寸柔肠百转千回。柳七这么一个温柔体贴到极致的男子，自然能领会妻子的心思，却没有点破——越劝慰越会勾起更多的伤心，不如装作不知。

古时的男子为了功名而离乡，乃是举家支持的大事。妻子纵然不舍，也不能以儿女私情羁绊他为家族荣耀奋斗的双脚，否则便是不识大体。个人的情情爱爱，必须为前途大计让路，这是封建社会的生存法则。那些在历史上留下美名的女子，哪一个不是含泪挥别远行的丈夫，不仅不敢要求他此生不负，还要信誓旦旦地保证会照顾好家中老小，让远行者不必挂怀。

柳氏也是这样，咽泪装欢，在乡野岔路口送别丈夫。

届征途，携书剑，迢迢匹马东去。惨怀，嗟少年易分难聚。佳人方恁缱绻，便思分鸳侣。当媚景，算密意幽欢，尽成轻负。

此际寸肠万绪。惨愁颜、断魂无语。和泪眼、片时几番回顾。伤心脉脉谁诉。但黯然凝伫。暮烟寒雨。望秦楼何处。

——《鹊桥仙》

柳七从儿时起就经历了太多离别，以往的惆怅如夏日骤雨来得快去得也疾，不像这次远行，太想去，不忍去，左右撕扯，才会伤筋动骨。他没有许下功成名就后将如何如何的誓言，似乎早已预知世间易分难聚，所以不敢轻易许诺，何况，新婚时"今生断不孤鸳被"的温存期许现在已被打破，他自觉无颜再轻易承诺。

他胸怀凌云壮志，还盼着此行能消融父亲仕途不遇的遗憾，于是携书带剑，告别崇安，也告别了此生尽爱一人的纯情少年时代。

"书剑"寓意文韬武略，古人出行，往往随身携带此二物。唐代孟浩然曾有诗曰："遑遑三十载，书剑两无成。"孟浩然发愤读书三十载，在四十岁时满怀信心到长安应举，最终却落第而归，不由得有此激愤语。风华正茂的柳七正如钻天白杨、盎然修竹，一心憧憬青云而上，断然没有想到，之后他的大半生，竟也落得剑满尘埃书生蠹的命运。

对前途尚且不需考虑过多，此刻最让人神伤的，无外乎离别。情爱至深至笃，也改变不了出发的意志。缱绻多情的佳人，安稳温暖的家园，都抵不过远方的召唤。种种美景良辰，终究要被辜负了。最让柳七不安的，是对妻子那一腔真情的辜负。

距理想越来越近，离家乡越来越远。害怕看到妻子的满面泪痕，柳七心有千思万绪也不敢回首，只是扬鞭催马，想尽快逃离这离别的伤心地，也逃离轻负前言的内疚。直到暮色起，烟雨浓，他才勒住缰绳，回头黯然伫立，此时早已望不到夫妻共居的秦楼，昨日的举案齐眉、琴瑟相和，全都化作此时的脉脉伤心。

他虽然伤心，但离开得毫不迟疑。

读书，科举，入仕，这是渗入古代文人血脉的念头，是解不开的心结。虽然科举路上自古尽是悲壮之事，但仍有文人如扑火飞蛾，前仆后继。

唐太宗继承并发展了隋朝的科举制，从此给天下寒门学子铺设了一条飞黄腾达之路，也设下了令文士耗尽毕生心血的陷阱，难怪唐代诗人赵嘏曾有诗云："太宗皇帝真长策，赚得英雄尽白头。"不知是衷心的赞誉，还是无奈的嘲讽。通向无限荣光的仕途像一座奈何桥，无数人拥挤而上，向死而行。

对那些暮年白首才换一袭青衫的旧典，柳七必然不会陌生，但他此时一点也不担心。自觉有惊世之才，还有大把韶光可供挥霍，他踌躇满志，相信自己定能在庙堂上一鸣惊人。可是，古来但凡踏上科举之路的人，有几个不是这样想的呢？不过最终都成了空想而已。

梦想催促脚步，轻负深情，多因名利故。年轻时的柳七还不太懂，不能轻易辜负一颗真心，待他懂得深情的珍贵时，已不再年轻。

刚刚踏上寂寞路途时，柳七思乡心切，也曾以妻子的口吻，谴责自己的薄情。

洞房记得初相遇。便只合、长相聚。何期小会幽欢，变作离情别绪。况值阑珊春色暮。对满目、乱花狂絮。直恐风光好，尽随伊归去。

一场寂宴凭谁诉。算前言，总轻负。早知恁地难拚，悔不当时留住。其奈风流端正外，更别有，系人心处。一日不思量，也攒眉千度。

——《昼夜乐》

喜结连理后，妻子理所当然地认为此后两人必然"长相聚"。谁料好时光竟然短暂到如小会幽欢，然后便是长久别离。他在春色阑珊时策马款款离去，身后是马蹄在泥土小径上踩下的深浅痕迹，还有用残花败絮碾作的一缕芳尘。

他走了，还把好风光一并打包带走，留下的人从此昏天暗地。

事实上，美好的春景定不会在眨眼间烟消云散，不过是因为眼前少了那个聚拢光华的人，天地间的一切就变得黯淡无光了。他走之后，她的世界只剩黑白两色，白昼也如一场梦魇。

有人颐指气使地主宰，有人心甘情愿地崇拜，在爱情里，这就是神话。

孤独而生恼，恼他轻负前约，恼他久去不回，怨极也生不出恨，不舍得恨他，索性对自己生了恼意——"早知恁地难拚，悔不当时留住"。所有怨语、悔语，全部因爱而起。这爱深刻到何种程度？一日不思量仍然攒眉千度，实际上她却日日思量，这怨悔之深、相思之重，怕是车载斗量而不能了。

柳七这一番细腻的揣测，固然是对妻子，以及妻子所代表的家园的思念，实则未必没有被人深爱的沾沾自喜。不能否认词中情感的真挚，也不能否认宠爱总易让人心花怒放——被宠爱的目光轻抚，被仰慕的视线簇拥，连心都要融化了。

被宠爱，然后被宠坏。崇安柳七，未许再见，就这样匹马迢迢地上路了。

钱塘自古繁华

从崇安到汴京，柳七骑马换舟，一路北行。民风淳朴豁达的闽地渐渐被甩在身后，连父亲盼他金榜高中的祈愿，还有妻子望他早日荣归的殷切，都一并被甩在后面了。

年轻才子贪欢享乐的玩性，被渐浓的江南烟雨浸润着，发酵成一坛江南米酒——熏风暖日就是珠肥玉润的稻米，吴侬软语就是清冽甘甜的江水——入口微凉，入喉甘醇，入腹熨帖。江南的风物气候、莺啼蝶舞，迷人眼，醉人心。浅尝辄止不过薄醉一场，但这片能把百炼钢化作绕指柔的土地，把英雄气概都化成了儿女情长，原本多情的文人柳七，又怎么能抗拒它的风情万种。

他畅饮大醉，听歌买笑，然后心安理得地在这温柔乡流连不去。杨柳春风徐徐荡过，歌儿舞女缓缓走来，柳七醺醺然，似乎已经忘记了自己出发的初衷。沿途的美景美人，滞留着词客的脚步，待抵达杭州，他更因眼前的好风光而止步不前了。

东南形胜，三吴都会，钱塘自古繁华。烟柳画桥，风帘翠幕，参差十万人家。云树绕堤沙。怒涛卷霜雪，天堑无涯。市列珠玑，户盈罗绮竞豪奢。

重湖叠巘清嘉。有三秋桂子，十里荷花。羌管弄晴，菱歌泛夜，嬉嬉钓叟莲娃。千骑拥高牙。乘醉听箫鼓，吟赏烟霞。异日图将好景，归去凤池夸。

——《望海潮》

天水氤氲的秀色江南，仿如心上诗篇，舌尖美味。杭州是这泼墨江南中最浓重的一笔。不少名士隐客拱手山河，只为常驻此间，他们留下的一页页诗词曲赋，既是在书写杭州，也是为了与这湖光山色合影。自《望海潮》从柳七笔下汩汩而出，它就成了最耀眼的杭州名片，而青衫书生伫立于迷蒙烟雨的身影，在日益泛黄的旧时光里，却鲜艳得仿若清波上的十里荷花。

距离赵匡胤立国才过四十余年，此时的北宋非常年轻，却也有几十载的光阴平复纷乱时代的创伤。这个朝代就像刚刚从午憩中醒来的贵族少年，舒展出几分雍容的懒散，又绽放着逼人的活力。

钱塘虽自古繁华，却是在太平盛世里才能传出最撩人的笙歌。穿过烟柳画桥，撩开风帘翠幕，杭州的柔媚风致若隐若现；而城市的物阜民丰，市列珠玑、户盈罗绮的豪奢排场令人惊艳。

拥有美丽与财富，还不足以称为风情——生活在这儿的人的气质，才更接近这座城市的气质。

清嘉秀丽的西湖上，昼间有画舫驶过，载去一船动听的羌音管乐，船尾拖曳的白色浪尾，莫不是那快乐的音符；夜间湖水有了凉意，却拦不住少女们泛舟采菱、纵情高歌的热情。白发老翁在杨柳的青丝下闭目垂钓，稳如叠嶂；伴着幽幽桂香，红衣的少女隐身于如火红莲，只有清脆的笑声缭绕在碧水上、白云间。市民生活的安逸富足，给了地方长官玩乐的底气。骑兵簇拥着长官，呼啦啦涌过，牙旗舒展，声势煊赫，他们趁着醉意酣畅、兴致正浓，听箫声鼓点络绎不绝，看烟云霞光映红半边江天。

湖山之美好、都市之富庶，令市井中自然洋溢着满足的氛围，由此而生的喜乐，吊起了路人的嘴角。庆幸太平盛世，国泰民安。有凌云志的士子，把仕途当作归宿；寻安逸梦的文人，风月场也是安魂乡。柳七两种心愿兼而有之，这一阕《望海潮》，看似写尽繁华事、风俗情，实则另含青云志、风月梦。

这是柳七为了踏上仕途而投出去的第一块探路石。

当时，杭州知州名为孙何，柳七想前去拜谒，无奈孙府门禁森严，欲见而不得。于是他创作此词，并携词拜会杭州名妓楚楚。楚楚姑娘见词大喜，连声称赞。柳七诚恳地道："欲见孙相公，恨无门路，若因府会，愿借朱唇歌于孙相公之前。若问谁为此词，但说柳七。"楚楚姑娘欣然答应。

到了中秋府会这天，楚楚在孙府的筵席上婉转而歌。丝竹管弦与名妓歌喉，是众宾客再熟悉不过的了，而词中的惊世才华，一时惊艳全场。尤其对身为父母官的孙何来说，赞颂当地的太平富庶，就是在赞颂他治理有方、政绩卓著，来日重归汴京凤池，这一番如画好景，确实可以成为炫耀的资本。

于是，孙何结识了一位才华横溢的青年，而柳七顺利踏出了干谒投献的第一步，皆大欢喜！

在这个故事里，还有些值得揣摩的细节。明明是以投献为目的的颂词，却被柳七书写得极是风流，毫无丑陋的谄媚姿态，且这一幅杭州图景，并未失了原本的精致清秀，此外又多了三分大气之美，由此可见柳七虽热衷仕途，却也不肯以阿谀奉承之语入词。他有逢迎之心，又不肯抛去矜持高贵，以至于后来屡屡碰壁，向前入不了庙堂，向后到不了江湖。

被后世冠以"诗仙""诗圣"美名的唐人李白、杜甫何尝不是如此，他们左手敲打王侯将相的朱门，右手掂量此举的得失。这欲罢不能的痛苦，就像痴情种被爱诅咒，进不能相守，退不能相忘。

至于那位起到关键作用的名妓楚楚，是在柳七生命中出现的第一个留下名字的青楼女子。一句"愿借朱唇歌于孙相公之前"，似严肃正直，又似挑逗情话。柳七前有流连秦楼楚馆的浪子名声，后有风尘女子争相投怀送抱不言，她们之中更有不少不只把柳七当成恩客，更当成知交。不知柳七是以何打动了名妓楚楚，愿意轻启朱唇，代替这个叩不响仕宦门扉的文人发言。

是被《望海潮》中的惊世文采折服了吗？或许是。抑或，在那既热切又坦荡的目光里，她已如化入春风，眼里心里，都只有一个柳七。

有佳人为其歌，有名士为其赞，还不足以证明《望海潮》的传奇。南宋的罗大经在《鹤林玉露》中称：柳七的这首词流传甚广，金主完颜亮听到有人歌之，钦慕中原的"三秋桂子，十里荷花"，于是生了"投鞭渡江之志"，遂横戈跃马，逐鹿大宋沃土。仿佛数百年泱泱大宋的劫数，是被这么一首词呼唤来的。宋人谢处厚也有诗云："谁把杭州曲子讴？荷花十里桂三秋。哪知卉木无情物，牵运长江万里愁！"

听一歌而起征伐，自不是春秋笔法，更像话本戏剧里的夸张桥段。后人听之一笑，对这桩传闻的真假不附和、不批判，便在不言不语间已领会到这段传奇流传后世的意义：以百余言牵动长江南北之愁，对一位词人的赞誉，最极致也莫过于此了。

孙何也被柳七的才华折服。据《宋史》记载，孙何"乐名教，勤接士类，后进之有词艺者，必为称扬"，这样一位爱惜人才、倾心词曲的官员，本来可以帮助柳七在仕途上少吃一些苦头。而在杭州时，孙何确实对柳七礼遇有加，将其奉为座上宾。真宗景德元年（1004 年），孙何受诏回汴京供职太常礼院，柳七还曾作词《玉蝴蝶》以赠别。

渐觉芳郊明媚，夜来膏雨，一洒尘埃。满目浅桃深杏，露染风栽。银塘静、鱼鳞簟展，烟岫翠、龟甲屏开。殷晴雷。云中鼓吹，游遍蓬莱。

徘徊。隼旗前后，三千珠履，十二金钗。雅俗熙熙，下车成宴尽春台。好雍容、东山妓女，堪笑傲、北海尊罍。且追陪。凤池归去，那更重来。

——《玉蝴蝶》

由词来看，孙何离杭返京前，柳七还曾陪他游玩山水。南方的春日风景，鲜艳旖旎，令人流连。柳七也没能在此时狠心舍下如画的美景与美人，仍然滞留杭州，没有北行。

孙何或许还曾慨然许诺，待有朝一日柳七抵达汴京，将如何助他青云展翅。可惜的是，春花谢过夏花红，秋叶飘落冰雪浓，本以为过了寒冬明年又会春到，但谁知纷飞的大雪就像送葬的纸钱——这年冬天，孙何在汴京病逝。

柳七是否及时听闻了这个噩耗，后人不得而知。但另一桩震惊朝野的大事，想必他是知道的。这一年，自幼聪慧享有才名的晏殊，得到江南按抚张知白的力荐，以"神童"之名入汴京考试，于千名考生中脱颖而出。宋真宗对其赞赏有加，亲赐同进士出身。

到底是江南烟雨风月更夺人心魄，还是汴京权力场更令人心潮澎湃，柳七心中或许自有计较。

见了千花万柳

没有一个朝代的青楼，其繁华程度可与北宋比肩。本是做着皮肉生意的场所，却在吟风弄月、多愁善感的文人笔下不断得到美化、诗化，以至于数百年后，鲜见有人再关心它最初存在的意义，也多忽略了万千娇红身后一段段血泪身世。在经济复苏与社会稳定的前提下，美人美酒、软枕暖被、胭脂红粉、丝竹管弦，凑作一堆，喧嚣着，呻吟着，沸腾着，成为上至皇帝下至黎民共同的娱乐活动。

举国上下皆有香粉飘散，文人晕眩得尤其厉害。万千青楼，俨然就是宋代文学的温床。遍览宋词，歌儿舞女的妖娆身姿萦绕不去，才子美人的悲欢离合屡屡上演。青楼里的人与情，丰富了文学的题材，也让文学更接了地气，多了市井味道；文学如同一袭面纱，模糊了肉体交易中的欲与悲，影像朦胧绰约，双栖在红罗帐里的，仿佛果真是一对对生死相依、不离不弃的痴情鸳鸯。

在宋代乃至中国青楼史上，柳永都是一个绕不过去的人物。

离开崇安后、抵达汴京前的几年里，柳七辗转于杭州、苏州、扬州。巷陌水道悠长，有穿着嫩黄色裙衫的女子举着朱红的油纸伞，从横跨清波的乌木桥上走过；勾栏瓦肆繁华，俊俏的书生袍服胜雪、长发如墨，乘着薄雾清风而来，汇入喧嚣一片的万丈红尘。古老的城市拥有不会老去的风情，还有看不尽的美丽姑娘，年轻的词人眼花缭乱，恨不得长留江南，不再移步。

孟元老在《东京梦华录》中写汴京繁华时，曾绘出青楼剪影："凡京师酒店，门首皆缚彩楼、欢门，唯任店入其门。一直主廊约百余步，南北天井两廊皆小阁子。向晚灯烛荧煌，上下相照，浓妆妓女数百，聚于主廊槏面上，以待酒客呼唤。望之宛若神仙。"

周密的《武林旧事》亦有记述："每处各有私名妓数十辈，皆时妆玄服，巧笑争妍。夏月茉莉盈头，春满绮陌。凭槛招邀，谓之'卖客'。"

原来这宛若神仙的人，也不过是"卖客"而已。在古代，娼妓素来被视为"下九流"的行当。对人进行群体划分古来有之，最初是商周时期分为士、农、工、商四业，越到后来划分越细，从九流发展到后来的上、中、下三类，演化出二十七种职业，其中为娼者，即便在"下九流"中，仍居底层，难以获得真正的尊重。

楼上女子在煌煌灯火中翩然若仙，楼下男子仰头观望一脸肉欲。即便有人追捧而来，她们也多沦为男人发泄欲望与满足虚荣心的工具。追求时极尽谄媚讨好，散尽千金博红颜一笑，厌弃后只作无情嗤笑嘲弄，楼上"仙子"对此命运并非不知，却只能强颜欢笑装作不在乎。

见多了前日追捧、今日共欢、明朝翻脸的男人，在游戏花丛的游子浪客里，柳七才显得那样珍贵。

他并非不重姿色，笔下诸多词篇，皆浓墨重彩地描绘女子姿容。那些美貌明艳的女子，粉面花容美好得令春光都生嫉妒，眉似远山黛，眼如秋波横，流转之间风姿倾城，那妖娆性感的身材，已非文字所能勾勒。这些形与色，自然是对风流才子的致命诱惑。"饮食男女，人之大欲存焉"，先哲孔子早有此论断，以论证男女情欢本是再自然不过。是以，"好色"二字本身并不含贬义，实乃人之本性。

柳七在绮罗丛中偎红倚翠的风流姿态，并非三言两语就能说清，然青楼女子们对他的崇拜，只一曲流传民间的歌谣就可道分明："不愿君王召，愿得柳七叫；不愿千黄金，愿得柳七心；不愿神仙见，愿识柳七面。"不仅夺了帝王的风头，就连能让鬼推磨的千黄金也不再能吸引万千红粉的目光，这个柳七究竟是何方神圣，竟然令神仙都黯然失了光彩？

青楼女竞相对柳七追捧爱慕，一来是得其新词，就等于得到了名扬坊间的大好机会；二来，大抵也是因为在柳七面前，她们才能像普通女子那样尽情绽放妩媚妖娆，而非作为一个妓女向着嫖客献媚邀宠。

柳七对待这些女子，常是捧出了一颗真心的。

是处小街斜巷，烂游花馆，连醉瑶卮。选得芳容端丽，冠绝吴姬。绛唇轻、笑歌尽雅，莲步稳、举措皆奇。出屏帏。倚风情态，约素腰肢。

当时。绮罗丛里，知名虽久，识面何迟。见了千花万柳，比并不如伊。未同欢、寸心暗许，欲话别、纤手重携。结前期。美人才子，合是相知。

——《玉蝴蝶》

这是一场在苏州的艳遇。遇山遇水，都不及邂逅一场情事更令人铭心刻骨。沿汴河而行，他离开杭州抵达苏州，眼前是相仿的山水风物，还有不一样的百媚千红。他在偏巷斜街里穿行，两侧尽是飘荡着浓郁脂粉香气的烟花馆。玉杯盛满美酒，令人沉迷，而万千佳丽中那冠绝众人的吴地美姬，更如酒中玉液金波，让人颠倒了神魂。

绛唇、莲步、纤腰，种种美好的举止形容已足够将人的视线定格，但更让才子留恋的，则是"美人才子，合是相知"的珍贵。柳七理想中的情爱，是才子佳人的双美遇合——除了郎才女貌的般配，还需要两心相知的默契。他或许早已听说过吴姬在绮罗丛中的不俗美名，可惜闻名虽久，相见却迟，以至有恨晚之意。

世上有很多慕名邀见的故事，大抵做了两种结局，或"不过如此"的一声嗤笑，或是相见恨晚的加倍倾慕。倘若这恨晚之心又不只是一厢情愿，那又当是怎样盛大的喜悦！在柳七眼中，他昔日所见的"千花万柳"都不及她，而这位从未同欢共乐的佳人，竟然也早就暗许芳心。他欣赏她的"笑歌尽雅""举措皆奇"，她爱慕他的才华横溢、翩翩风采，这种两心相知、情投意合的爱情，相较于只重门第的传统观念，无疑是昏睡百年后的一次苏醒，显得格外隆重。

才高八斗冠绝当世的文人墨客，在每个时代都不会缺席。他们惊艳了文坛，也未错过欢场，谁又能像柳七，让那些历尽千帆的红妆念念不忘？实在不是柳七才高惊世，而是因为柳七情真动人。世间女子，无论美丑贫富、身世清浊，不分坚强怯懦、暴戾乖巧，即便为皇为后、为婢为奴，她们所期待的，都不过是恰到好处地被尊重，被宠爱，如此而已。

欢场之中，尽是风月计较，有谁如他，玩物动着真情；又有谁如他，以情叩开心扉。

第二章

赢得青楼薄幸名

曲尽承平气象

再美好的风景，终究难以永久滞留追梦的脚步。告别江南繁华地，虽然如同割舍掉生命里的重要回忆，但前方有光明宽阔的仕途正遥遥召唤，痛苦也因此变得稀薄。每个起点，都是终点；每次出发，都是告别；每次选择，都是舍弃。

幸好这次无人相送，离别之苦也就淡了许多。重新背上从崇安出发时就携带的行囊，背上梦想，柳七再次匹马迢迢地上路了。烟雨江南渐渐在身后模糊成一个难辨的印迹，像一砚浅墨被清水晕开。他无暇回头，只顾向前远望。这一路上不再逗留，他怀着一腔迫切期待，抵达汴京。

柳七风尘仆仆闯入汴京，迎面撞上的就是让人眼花缭乱的隆宋气象，盛大、富饶、美丽的汴京跌入眼帘，让从远方跋涉而来的书生因这措手不及的隆重，感受到了手忙脚乱的幸福。

拆桐花烂漫，乍疏雨、洗清明。正艳杏烧林，缃桃绣野，芳景如屏。倾城。尽寻胜去，骤雕鞍绀幰出郊坰。风暖繁弦脆管，万家竞奏新声。

盈盈。斗草踏青。人艳冶、递逢迎。向路傍往往，遗簪堕珥，珠翠纵横。欢情。对佳丽地，信金罍罄竭玉山倾。拚却明朝永日，画堂一枕春醒。

——《木兰花慢》

宋人言"人间佳节惟清明"，元旦、寒食、冬至并列为北宋人最重视的三大节日。柳七就在一年中最美的寒食时节到达了汴京。

人说敲门声是有表情的，马蹄踏在地上的嗒嗒声，是不是如同正有人叩响大地的门扉？大地绽放出一个笑脸，柳七就走进了一片春光。马蹄下的路还是湿漉漉的，破晓前的一阵疏雨刚刚洗去了京城的脂粉，过滤了它的妖艳，天地间只留下让人忍不住贪婪呼吸的清新味道。

走在汴京郊外，他无暇旁顾，眼前尽是烂漫的桐花、燃烧的杏花、如织的缃桃，鲜妍亮眼的颜色灼灼燃烧，一如这朝气蓬勃的时节，又如这达于极盛的朝代。"烂漫""烧林""绣野"，也不知柳七是如何想出这般生动精致的文字，宛如把一幕正如火熊燃的春日丽景绣在了郊野上。大自然的鬼斧神工与文人的如椽大笔珠联璧合，才能在浩瀚历史中印刻这样的美丽。

淡妆浓抹总是相宜，绝美之人与绝美之风景都有这样的魔力。美人一笑倾城，美景亦能让倾城百姓奔走寻春——宝马香车在如屏芳景中穿梭，男女老少摩肩接踵，喜气洋洋。万户千家传出管弦新声，游春的快乐也被推向高潮。

与其说是那些旁若无人斗草踏青的冶艳女子吸引了词人的目光，倒不如说是她们浑身散发着的青春活力令人着迷。人说爱笑的女子运气总不会太差，那如花笑靥也堪堪夺走了桐花桃杏的风采，眼波流转便如一汪春水荡漾。

几年奔波辗转中，柳七已不再是青葱少年，可在这个春天里，他快乐得像一个孩子，只用好奇的目光打量这个期待已久的世界，入眼处处都是喜悦，叫他怎不心花怒放！这喜悦的根源，正是北宋的太平日久、物阜民丰，唯有太平盛世里，这种恍如尽欢的放纵才甜蜜醉人，仿佛在与情人约会。

春光魅力四射，美人惊艳时光，酩酊大醉的柳七欲哭欲笑，终于和他肖想多年的汴京在此时相逢——"拚却明朝永日，画堂一枕春醒。"最好的时代，最美的风景，词人青春年少鲜有烦恼，若不酣畅淋漓一醉方休，岂不是怠慢了这巨大的幸福。

倾城欢情，也非唯在清明左右。盛世北宋恰如人正少年，谁能阻拦年少轻狂的张扬，又有谁能阻拦一个时代的狂欢？置身其中，随之摇摆高歌已经足够。

五代十国的纷乱局面至北宋终结，到柳七来到汴京时，已经过了太祖、太宗、真宗三代帝王的苦心耕耘。陈桥兵变黄袍加身的赵匡胤本是武人出身，对尚武者的力量自然有三分忌惮和十分提防，由此不免矫枉过正，本是君臣融洽的酒席上，杯酒释兵权的目的一经道破，也标志着汉人尚武的精神被打压，甚至被丢弃。到了景德元年（1004年），契丹人入侵，在宰相寇准的坚持下，宋真宗赵恒率兵亲征，在距都城不足三百里处的澶渊会战。战马嘶嘶，军旗猎猎，喊杀声震耳欲聋。由于总体战局对宋不利，宋真宗又慑于辽军声势，左右思量，最后与辽订立和解盟约，每年向辽纳贡，史称澶渊之盟。这一举措虽有失体面，不够威风，却为北宋接下来的和平建设争取了时间，宋真宗虽无创业之君的魄力，也可谓守成之主。

至此，北宋政局最终稳固，社会经济如同久旱后沐浴了一场春霖的秧苗，有冲劲还有后劲，让每个子民都拥有昂扬的信心。中国古代的文人，终于迎来了对他们而言最好的时代。

尽管求仕之路依然如灾年的赈济粥棚一样拥挤不堪，文人士子至少可以看到分外光明的前途：文官能在中央朝廷手握重权，为君王出谋献策，也可以担任地方长官，造福一方百姓。权财两得的原始欲望、光耀门楣的家族梦想、留名青史的精神诉求，看上去都极易在转瞬间成为现实。这时期的文人，即使背负着入仕的梦想，较于前朝似乎也不再那么沉重。在逐梦的过程中，他们还可以纵情享受时代赋予的大好生活。

于是，柳七即便到了京师，也没有感受到特别肃穆的政治氛围，恍然间仍如身在江南，照旧可以寻春观景，日日酒肆买醉，夜夜青楼寻欢，只等恩科一开，就能圆了多年的梦想。

彼时柳七的快乐，是一个时代的快乐。在汴京金明池上飞驰的，除了富丽堂皇的龙舟，还有从内心迸发出来的喜悦。

露花倒影，烟芜蘸碧，灵沼波暖。金柳摇风树树，系彩舫龙舟遥岸。千步虹桥，参差雁齿，直趋水殿。绕金堤、曼衍鱼龙戏，簇娇春罗绮，喧天丝管。霁色荣光，望中似睹，蓬莱清浅。

时见。凤辇宸游，鸾觞禊饮，临翠水、开镐宴。两两轻舠飞画楫，竞夺锦标霞烂。馨欢娱，歌鱼藻，徘徊宛转。别有盈盈游女，各委明珠，争收翠羽，相将归远。渐觉云海沉沉，洞天日晚。

——《破阵乐》

沉默不语的金明池，并非只见证着这一朝一夕的繁荣。它始建于五代后周显德年间，本是朝廷水军训练和演习的场所，难免杀气腾腾，但是，曾在此演习作战的后周水军显然未能保护好这一片河山。生活容不得演习，朝代兴衰更是如此。若干年后，昔日的准战场已经成为北宋君臣子民春游与观看水戏的园林。

每逢农历三月初一，是位于汴京顺天门外的皇家园林金明池的开放日。满城百姓盛装打扮前去游玩，一时万人空巷，热闹非凡。柳七只是满园游人中的一个，和其他所有人一样，在露花倒影、烟芜蘸碧的如幻仙境里，惬意地感受着生活的快乐，心跳都与朝代的脉搏共振。

直到人群突然异常骚动，又有震天欢呼传来，这一日的游园才到了高潮。原来是凤辇宸游，帝王亲临！皇帝在临水殿大宴群臣，群臣把酒赋诗盛赞天子，一阵声腾云霄的急管繁弦之后，君臣又一起共同观赏龙舟竞渡夺标的赛事。他们欣赏着金明池上游轻舠飞画楫的惊心场面，不远处的百姓驻足远望着天子朝臣，一脸神往。

柳七势必想着，有朝一日他定要坐到那宴上群臣之间，并且要成为他们中极耀眼的一个，在皇帝面前诉说他经世济民的抱负，也让自己的诗文响彻金明池的上空。

南宋藏书家陈振孙遍览经史子集、诗词曲赋之后，盛赞柳七这一首《破阵乐》将北宋的"承平气象，形容曲尽"。这确实是北宋承平时代，几乎与柳七一生中最快乐无忧的年华相重合。

贪欢享乐与锐意进取的双重梦想，赋予青年柳七无尽风流，虽然尚无岁月沉淀下来的沉稳厚重的气质，却别有惊心动魄的光彩。

不用千金买笑

"柳耆卿为举子时，多游狭邪，善为歌辞，教坊乐工每得新腔，必求永为辞，始行于世，于是声传一时。"他初到汴京的景况，从南宋叶梦得的《避暑录话》中可见端倪。其实那时他还没改名为"永"，但这风流公子过着的荒唐生活，早已与父亲柳宜所期冀的"君子三变"渐行渐远。

每日诵读诗书以备科考之余，他有大把闲散时光，填词谱曲已得心应手，很快就在汴京才名显赫。不过，不见文人士子来与他谈经论史，慕名求词的乐工歌伎却越来越多。

长期混迹于勾栏瓦肆，生性浪漫的柳七愈发放诞不羁。他放纵地享受声色欢愉，为讨得佳人的寸许芳心献词献曲，恨不能一掷千金。

繁红嫩翠。艳阳景，妆点神州明媚。是处楼台，朱门院落，弦管新声腾沸。恣游人、无限驰骤，娇马车如水。竞寻芳选胜，归来向晚，起通衢近远，香尘细细。

太平世。少年时，忍把韶光轻弃。况有红妆，楚腰越艳，一笑千金何啻。向尊前、舞袖飘雪，歌响行云止。愿长绳、且把飞乌系。任好从容痛饮，谁能惜醉。

——《长寿乐》

太平岁月，艳阳风景，才子佳人，只论风月。有繁红嫩翠装点神州，宝马香车逶迤而过，恣肆寻欢的游人漫步通衢，踏起香尘，这一切已是极美，却哪里比得上红妆楚腰打扮出来的曼妙韶光。推杯换盏，谈笑樽前，那舞袖飘雪，歌止行云的佳人，便是无与伦比的美丽。为了博她一笑，抛掷千金又有何不可？

为红颜挥洒千金的故事古来有之，最惹艳羡也最起争议的，莫过于拱手山河讨你欢。这其中，又占得一个最臭名昭著位置的，非"烽火戏诸侯"的周幽王莫属。

西周末年，周幽王姬宫涅得了一个不会笑的美人褒姒。美人虽天姿国色，无奈终年冷若冰霜。为博佳人一笑，周幽王悬赏千金，举国上下无数人带着千奇百怪的点子来到京师，最终只能无功而返。突然一天，大臣虢石父殿上献策：不妨在烽火台上引火一把！

自烽火台出现以来，唯有国都遭到敌寇侵犯时才会点燃狼烟。周幽王想到各路诸侯惊慌失措率兵救驾的滑稽模样，也觉有趣，就欣然采纳了虢石父的建议。

于是，当骊山烽火台升起狼烟，诸侯王们从四面八方赶来时，眼前景象却十分诡异：四周不见敌人，只有周幽王与褒姒以及一干侍者婢女在高台上饮酒作乐。昔日威风凛凛的诸侯王顿时一脸呆相，美人褒姒扑哧一笑，果然倾城倾国。

故事以诸侯王怏怏而归，虢石父得金千两暂告段落，有人笑有人叹有人怒，千滋百味才是生活的面目。而不同于此的大结局，又在情理之中——公元前771年，申侯联合犬戎兴兵攻进镐京，周幽王燃起烽火却无人来救，最终成为乱刀之下的亡魂。至于褒姒，有人说她被俘，有人说她被杀，无论结局如何，她今世来生恐怕都再难遇到一个傻男人，心甘情愿只想讨得她的笑颜。

千金一笑，本是烽火戏诸侯的前奏与尾声。只不过，前者说的是男人为取悦女人所做出的牺牲，颇有现实如山，我却能让你浪漫如云的卓然姿态，不知会戳中几多少女芳心；后者却又滑稽又沉重，讲一个昏庸的君王，如何以一种幼稚方式，做一场儿戏，沦丧了一个国家。至于褒姒那金贵的笑容，究竟是被黑着脸有苦不能言的诸侯王逗惹出来的，还是有寸许是感动于周幽王的煞费苦心，他人便不得而知了。

她心中有你，一餐一饭的谦让、一朵并不起眼的野花，都能让她欢喜；若她在你面前时心里无波无澜，金银珠宝也成了破铜烂铁。这心思古怪，但爱过的人都懂。

怕只怕，抛弃了一切，她的悲喜却和你没有关系，这便是感情的悲剧了。

书生柳七的荷包里，是没有千金的。千里迢迢从家乡而来，衣食住宿尚且需要家中供给，他最多不过填词换些银两，哪里有一掷千金的能力。何况，花费千金换来的，未必会比他用一阕词换来的更珍贵。千金买来的笑容，或许会被别人用万金买走，这笑容绚烂、热烈，如盛夏的骤雨，来得锣鼓喧天，去得悄无声息。但是，因倾慕他的才华而生发的情意，大抵总能更长久一点，如绵长而忧愁的梅雨、涨潮时一波推着一波的海浪，还有眼睛睡着时却永远醒着的眉。

情投意合才是世间最贵重的交易，其他种种，再昂贵也显得廉价。

一个人付出，换来另一个人满足，这样的故事，才最欢喜，才是喜剧。

对"千金"与"一笑"的比量，在柳七的另一首词中也有体现。不同于《长寿乐》中的珍视和忐忑，《合欢带》更接近炫耀。他肆意彰显自己在情场上的志得意满，这举止落在费尽心机却未能俘获芳心的失意人眼里，恐怕就是羽翼未丰者的幼稚轻狂。可这又有何惧，年轻正当轻狂。

身材儿、早是妖娆。算风措、实难描。一个肌肤浑似玉，更都来、占了千娇。妍歌艳舞，莺惭巧舌，柳妒纤腰。自相逢，便觉韩娥价减，飞燕声消。

　　桃花零落，溪水潺湲，重寻仙径非遥。莫道千金酬一笑，便明珠、万斛须邀。檀郎幸有，凌云词赋，掷果风标。况当年，便好相携，凤楼深处吹箫。

——《合欢带》

　　他钟情的女子是什么模样呢？她身姿妖娆若仙，肌肤似玉胜雪，歌喉婉转令巧舌的黄莺都自愧弗如，舞姿曼妙让婀娜翩跹的柳树都恹恹不振。她的千娇百媚与风韵气度，用文字难以形容尽。自从有缘与她相见，不论是歌声绕梁三日不绝的韩娥，还是最善舞蹈的赵飞燕，都不过徒有虚名，再不能在词人心头掀起一丝涟漪。

　　对这样的女子，男人们势必会竞相追捧——你以千两黄金讨好，我就用万斛明珠相邀。可怜柳七，虽然有为佳人倾尽所有的心意，终归只是个跋山涉水来求功名的小小书生。

　　不过，他虽然不能一掷千金，却有重于千金的"凌云词赋，掷果风标"。以檀郎自比，彰显出柳七十足的自信。晋代有美男子潘安，姿态仪容冠绝当时，后人便借他的小名檀奴指代风华如他的男子。柳七自诩，不仅有风流倜傥的姿仪，还有凌云出众的文采，根本无须担心不能打动她。

柳七的自得与自负自有一股纯真而天然的美好，并不惹人讨厌。他这自信的源头，除了当世檀郎的优越，更因他把男女情爱看得单纯，也便看得透彻。

意气相投，像是琴与瑟、藤和树、光共影、星伴月、水绕山。你的心意我最在意，才最珍贵。

可叹生死无常

在汴京的生活逐渐如顺水行舟，变得得心应手，柳七在美人堆里惬意享受着时代的富饶，顺便想一想不日举行的科考。他贪玩的心性还没有完全收敛起来，对来日前程也就没有周密计划。他太年轻，对时光的仓促和无情认识太浅。即便读了很多书，看到那在等闲间就翻云覆雨的巨变一件接一件在历史上发生，即便亲眼见过生老病死、悲欢离合，但全部是别人的事，荣辱、爱恨、苦乐，也全都是别人的。

命运全然不会顾忌浪子的懵懂无知。妻子病逝的噩耗如同惊雷在耳边炸响，柳七这才发觉原来他离开家乡已经这么久了。几年前离开崇安时，他信誓旦旦要考取功名，让青春正好的妻子安心等待他衣锦还乡。

可是，诺言成了谎言，一别就是永诀。

他游山玩水，流连花丛，早就乐不思蜀，偶尔念及家中父母妻子，涌上心头的内疚还来不及泛滥，就被红尘里的颠倒游戏冲散。这一回，悲伤来得迅速而汹涌，刚一获悉，人就已被痛苦没顶。

人世还很长，人时却已尽。忧伤就显得更加漫长沉重，让人无所遁形。京城虽是温柔乡，但到底是他乡，此时此刻，家乡熟悉的水土和人群，全部都召唤他快快归来。即使明知匆匆赶回家乡，亡妻肯定也已入土，但柳七还是仓促收拾行装踏上了归路。所求无他，只盼"入土为安"，这趟归来，既是为了安抚妻子的亡灵，也是为了安抚他的满腹愧疚。

归心似箭的柳七不再像当初离家时那样左顾右盼，可是，越靠近崇安，他的脚步就越慢。并非近乡情怯在作怪，实在是因为太多熟悉的风景慌乱地闯入了视野。他走过一条路，就像缓缓拉开一幅巨大的幕布，正在上演的，都是回忆里的情节：他们手挽着手在郊野踏青，情意缱绻甜蜜，连林间的鸟儿都屏住声息不忍打扰；他赶到附近的城镇，只为给她买一盒中意的胭脂水粉；她伫立在岔路口，看到乡试归来的丈夫的一瞬间，笑了……

柳七最后一次见她，她也站在那个路口，为去京城参加省试的丈夫送别。迎接时有多快乐，分别时的痛苦就只增不减，她却还要咽泪装欢，在萧萧风中抖动得如同要落的叶子。柳七狠下心肠，掉转马头，顷刻就把她甩在了身后。这一幕仿佛发生在昨天，怎么就突然地，即便山水都能相拥，日月都能遥望，他和她却永不重逢。

花谢水流倏忽，嗟年少光阴。有天然、蕙质兰心。美韶容、何啻值千金。便因甚、翠弱红衰，缠绵香体，都不胜任。算神仙、五色灵丹无验，中路委瓶簪。

人悄悄，夜沉沉。闭香闺、永弃鸳衾。想娇魂媚魄非远，纵洪都方士也难寻。最苦是、好景良天，尊前歌笑，空想遗音。望断处，杳杳巫峰十二，千古暮云深。

——《离别难》

这是柳七为妻子写的悼词。从杭州到汴京，柳七填了很多首词，街头巷尾、茶馆酒肆、青楼妓馆，处处有人吟唱。那一篇篇佳作中，只有少数几阕是写给妻子的，从初相识到初分离，从相守到相思，从甜蜜到忧伤，而后，便是灯红酒绿中的忘却。再有心为她填词时，已是阴阳两隔。

花谢水流都是不可逆转之事，只在倏忽间世事就变了模样。过去见叶黄花落，也知道是光阴正在行走，是青春正在道别，然直到今日，才知道岁月倥偬竟然会带来如此深刻的切肤之痛。

那蕙质兰心、韶容美好的女子，在病痛的折磨下形销骨立。郊野里翠弱红衰，她拖着病体倚立良久，终是没有把良人盼来。愁病交加，一如凄风苦雨裹挟绝望而来，神仙术士也束手无策，五色灵丹也无济于事。

简单笔画，寄托着比泰山压顶还要沉重的悲伤。柳七背负着这样的沉痛，跟跟跄跄前行。夜沉沉，人悄悄，香闺内再无沉香暖被，只有冰凉入骨的枕衾。恍然想起，新婚时许下的"今生断不孤鸳被"的誓言，竟似成了一个诅咒——想占有天长地久，就像用手去捕捉风，用网去绊住水，这不是童话，他也没有魔法，被命运夺走的好景良天、樽前歌笑，终究成了一场空梦。

世间情事因缘，最经不住错过，最怕的是"空想"。

昔日有楚怀王梦游巫山，邂逅巫山神女。正惊艳时，神女自荐枕席，遂成一场云雨欢爱。在幽暗深远的巫山里，神女"旦为朝云，暮为行雨"，行踪飘忽不可捉摸。如今柳七将亡妻比作神女，既是赞美她如神女般有出尘之姿，又是在感叹从今以后再也难觅芳踪。

生不能把握，死不能挽回，漫长人生的这两端委实让人无可奈何。生死如同一条河流，相爱之人站在它的两岸，相望相忆，不相聚。

坟茔的新土渐渐旧去，深闺内也落满了尘埃。该逝去的总会逝去，唯有思念长长久久不绝。爱情如梦一场，一梦一生。可现实如战鼓，如雷霆，如炸在脚边的鞭炮，催促沉浸在悲恸中的柳七重新上路。

汴京在召唤，功名在召唤，梦想在召唤。柳七又要转身，赶赴京师应考。不再像十九岁时只看前方的路，二十四岁的柳七已懂得了回头顾看。回眸处，唯有金鹅峰的浩渺雾气和山林里的如霜白露，不见伊人。

留不得。光阴催促，奈芳兰歇，好花谢，惟顷刻。彩云易散琉璃脆，验前事端的。

风月夜，几处前踪旧迹。忍思忆。这回望断，永作天涯隔。向仙岛，归冥路，两无消息。

——《秋蕊香引》

光阴无情，催枯了芳草，催落了鲜花，催促着一个美好的生命顷刻凋零，也催着柳七不得不从伤逝的泥淖里拔腿，再次出发。留不得的是光阴，也是脚步。

"彩云易散琉璃脆"，何其沉痛的悲号！叹世间一切美好总是留不得、留不住，总是易失去。那些温馨的前踪旧迹，那些笃定的山盟海誓，竟然如同青春，成了注定要失去的东西。

"留不得"已是一桩悲剧，更残酷的是"天涯隔"——妻子的亡魂是登上仙岛成仙，还是去了幽冥为鬼，他再无从知道。在死亡发生的瞬间，音讯就已断绝，不论是美的风景还是悲伤的心事，都不能再分享。

就像没有花开的春，萤火不眨的夏，不见雁阵的秋，白雪不落的冬，生命陡然间有了一个如此庞大的缺口，空空落落，没有了她，再温暖的前事也是冷的、凉的，温暖不了柳七的心。

世有旷达人如晋代陶渊明，曾自拟挽歌，假想自己死后的情形："亲戚或余悲，他人亦已歌。死去何所道，托体同山阿。"人生非金石，岂能长寿考！这一份勘破生死命题的达观心态委实叫人羡慕，可并非人人都能看透。何况，不畏惧自己的死亡，未必不因亲友的离世而恐惧。

生死也是一个局，看穿的是智者，困在局里的是痴人。一阵风，一场梦，生死如爱般莫测。然这份情痴，每每让人动容。有的悲伤呼天抢地，有的悲伤沉默绵长。明代归有光有篇散文《项脊轩志》，写家中一间小屋的兴废，如同闲话家长里短、凡人琐事，然最后一句，却令人几欲泪下："庭有枇杷树，吾妻死之年所手植也，今已亭亭如盖矣。"物存人亡，你去我在。树在生长，我在思念，繁茂如伞的枝叶，就是刻在时光里的追思。

柳七的追思，刻在词章里，百年千岁过去，业已枝繁叶茂，成一棵相思树，结一捧相思子。

多见锦上添花

　　一场丧事葬了妻子，也葬了他的年少轻狂。风流如柳七，逐渐变得成熟稳重，开始认真谋划前途。他回到汴京不久，朝野上下就发生了一桩大事。

　　古代逢太平之年或天降祥瑞，帝王感念皇天后土的浩瀚恩德，会举行祭祀大典。扯落了祭天地求福祉的道德幌子，封禅其实更接近于一场古代帝王炫耀功绩自我表彰的盛大仪式。

　　与五代乱世相比，宋至真宗时期已可谓政通人和，再加上风调雨顺的天时相助，据《续资治通鉴》记载，景德四年（1007年），境内"诸路皆言大稔"，四海俱获丰收，天地间弥漫着一片祥和喜气。但是，三年前缔结的澶渊之盟如鲠在喉，宋真宗每每想及，国泰民安的喜悦就会打了折扣。

　　为了用更光鲜的政绩驱散旧日阴霾，大中祥符元年（1008年），在朝臣的曲意逢迎与联合表演帮衬下，宋真宗称有"天书"降于承天门。"天书"上有黄字盛赞真宗是至孝至道之君，称宋朝必定国运昌盛而绵长，于是举国庆贺。到了这年六月，"天书"再次降于泰山醴泉北，宋真宗随后在泰山封禅，以最盛大的方式昭告天下：这旷古难见的大吉之事之所以出现在本朝，是因为君明臣贤、政治清明，才得神祇庇佑。一时间，朝野上下"争奏祥瑞，竞献赞颂"。

《巫山一段云》，就是柳七对这一盛事的称颂。

琪树罗三殿，金龙抱九关。上清真籍总群仙，朝拜五云间。

昨夜紫微诏下，急唤天书使者。令赍瑶检降彤霞，重到汉皇家。

——《巫山一段云》

晋代孙绰的《游天台山赋》中有"建木灭景于千寻，琪树璀璨而垂珠"，琪树就是神话传说中的天宫玉树，上有明珠高悬，光辉熠熠。柳七落笔就先把如幻仙境铺陈在纸上：在五色祥云缭绕、璀璨玉树环抱的仙境里，金色巨龙守护着九重天门，潇洒俊逸的神仙宽袍广袖，在上清仙境里缓缓踱步。

上阕的格调缓而静，颇有道家冲淡平和的气派。紧接着，仿佛鹅卵石被投入平静池塘，又像艳阳天里雷公突然打了个喷嚏，节奏瞬间被打乱："昨夜紫微诏下，急唤天书使者。"天帝宫殿中突然传出诏书，天书使者匆匆觐见，究竟所为何事？原来，天帝亲自赐下玉石书函，只等红彤彤的祥瑞云霞铺满天际时，就馈赠给人间君王。

从节奏来看，上阕如缓步而行，下阕如小步快跑，突然转变之间，一种被打乱、被破坏的美感油然而生，赞颂的目的不再掩饰。柳七以其丰富的想象力，称这"天书"是紫微帝星亲自下令降于人间的，庄重意味更浓。

天降祥瑞之事，在厚厚的史册中俯拾皆是，大多都被赋予了政治意义。古代的统治者，或是在成为统治者的路上冒死前行的人，无一例外宣称自己受上天指派。既然受命于天，就应当有不同常人之处。有人天生异相，比如仓颉、虞舜目有重瞳，刘备、司马炎臂长过膝，这可难为了那些面相平凡的人，不得不附会甚至生造出各种桥段，以宣示"上天的旨意"。

宋真宗的"天书"事件就是其中一桩。为了把这颇具传奇色彩的喜事渲染得更加真实，除了在宫廷内外举行一系列庆祝仪式，真宗还下令修建规模空前的玉清昭应宫，道观"宏大瑰丽不可名似"，升平气象被渲染到极致。

对于世间是否果真有祥瑞，人人心中自有计较。不过，多数人还是会如柳七，为这些非同一般的景象大唱赞歌。柳七另有同词牌作品，写的是发生在大中祥符三年（1010 年）的"河清"之事。古话有云"黄河清，圣人出"，陕州官员连连奏报"黄河水清"，就如给天书之事锦上添花。时任集贤校理的晏殊献上《河清颂》，歌颂时世升平。彼时柳七并无官职，词作也不大可能流传到皇帝面前，但他还是抱着莫大热情再次创作了赞词。

> 阆苑年华永，嬉游别是情。人间三度见河清，一番碧桃成。
>
> 金母忍将轻摘，留宴鳌峰真客。红龙闲卧吠斜阳，方朔敢偷尝。
>
> ——《巫山一段云》

在昆仑之巅，有宫殿名为阆风苑，是西王母的居所。盛开的桃花簇拥枝头，云蒸霞蔚般绚烂，踩着浮云的仙童仙子往来嬉戏。黄河水千年一清，转瞬竟已三度，自开花后需再过三千年才结果的蟠桃，如今终于挂上枝梢。西王母遣仙使将蟠桃采摘下来，在蟠桃盛会上大宴群仙。群仙无不对西王母毕恭毕敬，这倒是令西王母不禁想起了以前胆敢偷食蟠桃的东方朔。

东方朔是西汉名臣，民间流传着关于他偷桃的传说。据说在某一年汉武帝的寿宴上，有青鸟从空中掠过。汉武帝惊问这是什么鸟，东方朔回答："此为西王母座下使者青鸾。"不多时，西王母便携仙桃前来祝寿，汉武帝大喜过望。西王母离开时指着东方朔笑斥："他曾三次偷吃宴上蟠桃。"东方朔偷桃的典故就这样流传下来。可能是他在民间声望极高，智慧韬略令人叹服，后人就罗织了一系列传奇故事，以使其形象更加光彩夺目。这样一位深谋远虑、身居高位的智者，与偷桃之举实不相配，想来更觉有趣。

柳七的这首词，唯有"人间三度见河清"一句与现实关联，其他俱是在描写虚无之境与缥缈之事，但仙风道骨的况味缓缓铺陈开去，与柳词中占了绝大部分的咏妓词相比，显得别有风味。

一个上升的时代，的确会赋予子民蓬勃的锐气，催人发自肺腑地高唱赞歌，至于此时如蝼蚁般不易察觉的弊病，则要在多年后才会爆发出可怕的破坏力量。此时此刻，只要高歌就好。

与再早些的投献词《望海潮》相比，柳七在这一阶段创作的颂圣、干谒词带有较为鲜明的功利色彩。他渴望朝廷中的君王臣相能听到他的词，知道他的名姓，渴望有朝一日，崇安柳三变也能身居高位，不负十年寒窗苦读。

仕途失意之人

提及"曾经"二字，总让人红了眼眶。尤其当曾经与自己相伴的人，如今已天上地下再难重逢，昔日风中奔跑雨里撒欢的少年，面上也染了岁月的风尘。物是人非的感伤汹涌而至，让每一粒回忆的灰尘，重于山峦。

但诗人邓康延却说："思念可以是花，可以是鸟，可以是云，只是不能是石头——压人许多年。"还有诗人夏宇说："把你的影子加点盐，腌起来，风干，老的时候，下酒。"留不住的，就不用总挂在嘴边，就是收藏进心里，也未必非要笼罩上一层冷冰冰的壳子。逝者已逝，生者自有沉湎悲伤的理由，还可以把她那份生之快乐，一并活出来。

一段时间的悲痛，亦是一段时间的沉淀。再后来柳七重新扎回欢场，也不再有当初的热络莽撞，反倒是显得愈发稳重起来。直到在春闱开始之前，他踌躇满志地等待在考场上大展身手，心思也就多少又活络了一些。这时候，一位可人儿闯入了他的心怀。

> 尤红殢翠。近日来、陡把狂心牵系。罗绮丛中，笙歌宴上，有个人人可意。解严妆巧笑，取次言谈成娇媚。知几度、密约秦楼尽醉。仍携手，眷恋香衾绣被。
>
> 情渐美。算好把、夕雨朝云相继。便是仙禁春深，御炉香泉，临轩亲试。对天颜咫尺，定然魁甲登高第。待恁时、等着回来贺喜。好生地。剩与我儿利市。
>
> ——《长寿乐》

他在筵席上认识了这位佳人。宋时文人雅集酒会不断，文人爱美人是古来有之的传统，深夜读书最好有佳人伫立身边，红袖添香，玉手奉茶；白昼纵欢，当然更少不了各色美人一佐酒兴。

政客的饭局，是权力的角逐场；商贾的宴会，是财富的聚宝盆；文人的筵席，是男人猎艳的战场，是女子斗艳的擂台。悦耳的丝竹如同战时的号角，文人谈笑风生，斗酒斗诗，眼风又总能轻飘飘似有意又似无意地，落在正出尽风头的歌儿舞女身上；舞步蹁跹，歌声清越，女子似心无旁骛地倾心表演，但一抬手一顿足一扭腰一颔首时，总能把或羞涩或勇敢的挑逗目光，丢到心仪的男人跟前。

眼波如春风，又如利器，谁不沉沦，谁不拜倒？

日光正暖，云天正淡，熏风卷来花香，醺香酒意肆意荡漾。管弦声再高亢喧闹，他还是捕捉到了她的声音。在如星辰如珠光的佳丽中，你的微笑正中我心。

对这位女子，柳七用了"可意"二字形容。市井中人把话说得直白，所谓"千金难买心头好"，不管是物是人，最难求的就是合心称意。

她善梳妆精打扮，顾盼间眼波如涟涟秋水。只要一笑，就仿佛惊鸿掠过了水面，翅尾搅扰，荡起的涟漪就是湖泊的心事。一双美目，两汪深潭，柳七当然目眩神迷。让才子痴迷一时尚不足够，她既能让因妻亡而沮丧的柳七再启情扉，又能牵系住这浪子的一颗"狂心"，定是个活得通透又精于谋算的女子。"谋算"二字，放在情场上，就自然而然淡了感情色彩。古龙先生有一席话，引来无数为爱情谋划的人争相附和："风月里的计谋不算计谋，情趣罢了。风月里的情趣也不算情趣，计谋罢了。"是情趣还是计谋，何必分清，又怎么分清，本就是一回事罢了。

"近日来、陡把狂心牵系。"浪荡多年的柳七，唯有和她，相约秦楼，谈笑，饮酒，调情，而后拥香衾绣被，赴云雨巫山。

两情相悦，多么美好。

她是柳七的羁绊，是让柳七不愿意摆脱的羁绊。男人若以自由为名，斥女人为牵绊，多数时候不是真的为了自由，只是因为这个女人并非让他心甘情愿的牢笼。女人想做个以情为笼的胜利者，必得寻一个合心人，心甘情愿做情囚。

这个女人，或许就是虫娘。

在柳七一生里，除了并未留下姓名的妻子，与他有过情爱纠葛的女子实在不少，其中有芳名留世者如虫娘、心娘、琴娘、英英等人中，虫娘可谓柳七挚爱，让他多次写下词篇取悦佳人。

想来再无其他人能如虫娘，她之于柳七，就如同温暖之于流浪，诱人沦陷。

风月正好情意深浓的故事，总少不了一根打鸳鸯的大棒，仿佛不如此就不尽兴。破坏的欲望，对残缺的眷恋，真是命运的怪癖。不过好在这一桩情事的暂时搁浅，并非遇到了诸如门第不等或婆媳不和等难以调和的狗血桥段，只是因为春闱在即，柳七不得不把"渐美"的情意搁置起来，专心备考。

"仙禁春深，御炉香袅，临轩亲试。"寥寥十二字，含义却颇为丰富。这是柳七对殿试情形的设想：宫廷禁苑里春光正好，浓浓春意熏染下，人也不知不觉就生机勃发起来。御前殿上，精致的香炉袅袅飞烟，让人忽觉放松，如在云端。这真是荣耀无比的一刻，皇帝从正殿上缓步而来，在殿前平台上接见并策问新中的贡生，以选贤任能。

事实上，柳七此时还是举人身份，此行来汴京是为了参加省试，只有先通过省试获得进士身份，方有资格进入殿试，然后考状元，夺三甲。但从这首词可以看出，柳七直接略过还未参加的省试不提，遥想自己已经进入了殿试，可见他对此次考试是极有信心的。甚至，他还称自己"对天颜咫尺，定然魁甲登高第"，到时候，他希望这位深爱的女子能为自己贺喜，并开玩笑说要多给亲昵的女子一些喜钱，之后两人再一起耍玩。

何等狂傲自负！

人从出世就注定要入世。为了金榜题名的一天，他已用去二十多年光阴，学策论作诗赋，别家园居异乡，人常说"父母在，不远游"，他上不能孝顺父母；人又言夫妻当"执子之手，与子偕老"，他下未能体恤妻子。唯有挣得功名才不负众望，也不会白白空耗了这二十载光阴。所以，对功名，他志在必得。

又何况在这几年颠簸游历中，他已声名鹊起，与朝廷官员、主流文坛虽然还有些距离，在坊间却是个"红人"。在此起彼伏的赞美声音中，谁又能像审视别人一样那么苛刻地审视自我呢？

古时多少文人，就如此刻的柳七，踌躇满志地上了考场，如训练多年的士兵上了战场，抱着"不成功便成仁"的信念。真宗大中祥符二年（1009年），二十六岁的柳七第一次在汴京考试，最终落第。二十六年翘首以盼，最终落得个竹篮打水，镜花水月。

是柳七无才吗？非也。怕是他并不是输在无才，而是因为"无德"。

据《宋史·真宗本纪》记载，在这年正月，也就是春闱开始之前，真宗下了一道诏令："读非圣之书及属辞浮靡者，皆严谴之。"所谓"圣书"，无非是圣贤所著，以教人"六德"即智、仁、圣、义、忠、和为目的。清代康熙之后至今，书塾、学堂里总有童稚的声音朗朗读着《弟子规》："非圣书，屏勿视，蔽聪明，坏心志。"在儒学背景下，非圣之书宛如毒蛇猛兽，简直会坏人心肠。柳七或许在策论中还能把自己束缚在四书五经的范畴内，"属辞浮靡"却不是能够随意控制的。便是在这首述深情、表志向的《长寿乐》里，也可看出柳七的"浮"。

皇帝临轩亲试，多么庄重严肃的事情，但在柳七笔下俨然儿戏，魁甲位置好像已成他囊中之物，而且，他还要把这桩大事开玩笑一样说给那尤红殢翠的可意人听，这可意人呢，又偏偏是个青楼女，环环相扣，他俨然已经把自己困在了陷阱里。

无论他用了多大气力想扮出一副被统治者赏识的严肃而正直的面孔，都屡屡被自己的灵魂出卖——暴露在词中的真实的性格和想法，完全没有被掩饰住的可能，但凡有一点星火，就能燃烧起冲天的火光。

曲终情意未尽

像柳七这样一个以"狎亵"闻名的文人，虽有满腹才华和治国之志，但在皇帝下令"严谴之"的背景下，他会科举落第也是情理之中的事情。他踌躇满志上了考场，结果铩羽而归，内心的失落沮丧不难想象。

漫漫仕途，本就是一条艰辛的路。此前，柳七并没有做好落第的准备，他本就是冲着成功而来，名落孙山的落魄本应与他无缘。他像一个常年居住在深山里的人，突然生出了想去看海的想法，于是就跋涉千里万里，披星戴月，餐风饮露，终于翻过了自以为在最边缘的山峰，但是，映入眼帘的，赫然是另一座山头。

宋真宗的一纸诏令，是一座令柳七无法翻越的山峦，譬如在柳七初次落第这一年出生的苏洵。苏洵后来以文辞留名于青史，但他最著名的"作品"恐怕并非任何诗词文赋，而是他的两个儿子——苏轼和苏辙。"三苏"在文坛上创造的家庭神话，后世再鲜有人能超越。

但是，苏洵年少时并"不喜学"，二十五岁后才发愤读书，和往日一起闲散游逛的少年断了往来，"闭户读书为文辞"。虽然后来学业大为精进，但求仕之路还是走得磕磕绊绊。他不擅时文，屡试不第，渐渐就对仕途失去了信心。其实并非没有了兴趣，只是斗志渐被消磨，苏洵焚烧了所写的数百篇文稿，闭户读书，五六年内未再著文。随着年龄渐长，求仕的想法更加淡薄，他本决意安贫守道度过余生，孰料年过半百，又突然得到朝廷诏令，被委任了一个卑微闲职。治平三年（1066 年），58 岁的苏洵病逝时仍只是一县主簿，官级也不过八品。与他在后世享有的盛大名声相比，这官位官级可谓低到尘埃里去了。屡次落第的经历让人心灰意冷，而所谓成功人生所最畏惧的，也莫过于灰心。与挫败本身相比，灰心更如驱不散的蛊毒。

好在这一年，柳七还很年轻。人越年轻，自我疗伤的本领就越强，即使独自舔舐伤口后会留下深浅疤痕，但一切不幸终会随着天际流云、山谷雾霭，慢慢消散。他还年轻，青春就是他最大的本钱，在与厄运和衰老相抗争的过程中，他还有很多机会把现在所失去的——收回囊中。

一切尚早，他虽然失落，但并不焦急。

帝里疏散，数载酒萦花系，九陌狂游。良景对珍筵恼，佳人自有风流。劝琼瓯。绛唇启、歌发清幽。被举措、艺足才高，在处别得艳姬留。

浮名利，拟拚休。是非莫挂心头。富贵岂由人，时会高志须酬。莫闲愁。共绿蚁、红粉相尤。向绣幄，醉倚芳姿睡，算除此外何求。

——《如鱼水》

这首《如鱼水》就写于柳七初试落榜之后。"鱼水"二字读来，含有莫名的暧昧情愫，柳七创作了这么富有艳科格调的词牌，内容也不乏灯红酒绿，但主旨其实无关风月。

来来回回，走走停停，客居汴京已有几年。这之中的多数时光，他都过得疏放散漫，酒萦花系，真是极乐人生。良景醉人，珍宴喜人，佳人迷人，艺足才高的柳郎，被崇拜，被赞美，不论走到哪里，都如一个光环，吸引着"艳姬"的目光，博得美人的青睐。然而，这样欢乐的日子却因春闱而被打乱。彷徨之余，迷茫之后，柳七收拾好被冲击得七零八落的心情，洒脱一笑："浮名利，拟拚休。是非莫挂心头。"

撒手名利，淡忘是非，当是一种大彻大悟的觉醒，又或者是一番意欲归隐的告白，但这两种显然都非柳七本意。红尘中越多享受就有越多羁绊，肆意牵扯拖拽，泯灭了淡泊的勇气。身居红尘旋涡中心的柳七，不管面对的是欢乐的溪水还是失意的河流，他都尝试着把自己变成一汪大海，把好的、坏的全部接纳。

牢骚归牢骚，抱怨归抱怨，失意人重整旗鼓，仍是一位勇敢的斗士——富贵贫贱岂由他人来定，早晚一日壮志终酬！既然抱着这种信念，就无须再被"闲愁"束缚，索性尽享韶光，醉倚芳姿，甚好甚好。"除此外何求"一句隐约有几分安心醉倒温柔乡的意味，但一个"算"字，已透露出柳七心里的千种算计、百般计较。高志未酬，绝不肯离去；失意徒劳，索性醉倒！

"富贵岂由人，时会高志须酬"，此语中一股豪气横生，浑不似写惯了莺莺燕燕、花花柳柳的柳七所作，颇有唐人李白"长风破浪会有时，直挂云帆济沧海"的气魄，又有刘禹锡"千淘万漉虽辛苦，吹尽狂沙始到金"的执着。不过柳七的气魄比李白差了三分，执着又比刘禹锡逊了一筹，这一段求仕路，当真走得着实辛苦。

若一直独行，便如踏着茫茫夜色赶路，月光清幽，夜凉如水，走了那么久，依然看不到夜色的尽头。有人陪伴，并非就不会再寂寞，也未必就能逃脱夜的暗影；可是若这个人刚好与你相爱，一个人的勇敢加上另一个人的温柔，寂寞和夜色，也就不再那么可怕了吧。

温柔如春风如艳阳的虫娘，是柳七的曙光。

虫娘举措皆温润。每到婆娑偏恃俊。香檀敲缓玉纤迟，画鼓声催莲步紧。

贪得顾盼夸风韵。往往曲终情未尽。坐中年少暗消魂，争问青鸾家远近。

——《木兰花》

此前为了备战春闱而暂时搁浅的柔情，犹如枯木在烈日下曝晒多日，爱情的火花迸溅，愈发精彩绝伦。

在柳七为虫娘创作的多首词篇中，《木兰花》是把佳人形象刻画得最清晰、最直观的一首。她姿色出众，举止柔和，似月影下静静飘香的梅花，又如一幅精致美人图，冲和恬淡。但是音乐一响起，就像阵阵微风扰动疏影横斜，氤氲朱砂滴落美人额间，她在悦耳的丝竹管弦声中跳起舞来，成为众多歌舞伎中最受瞩目的一个。她就是有这样的魅力，静处如一幅水墨，舞动若绚烂云霞。

檀木拍板一声挨着一声，虫娘的纤纤玉指拿捏出万千风情，仿佛也拿捏住了在场所有观舞者的心；画鼓声一阵紧过一阵，虫娘移动金莲，步步踩中鼓点，似一只蝴蝶翩跹而过，逗引着众人的目光。

浓妆淡抹，动静相宜，已是风情万种尚不足够。为了赢得座中人的顾盼，她更是使出所有舞技，夸张地卖弄风姿，往往一曲终了，眼中缠绵、舞中情意依旧不绝。

昔日三国时东吴大将周瑜善识音律，即使酒醉也能分辨出乐曲中的细微错误，而且会一针见血地指出来，故而当时盛传"曲有误，周郎顾"。因此，便有不少恋慕周郎的歌伎会故意弹错曲子，只盼得来周郎顾盼。唐代诗人李端有一首《听筝》，写的便是这般情形："鸣筝金粟柱，素手玉房前。欲得周郎顾，时时误拂弦。"

为了博得心仪男子的青睐，故意拨错琴弦是一种方法，如虫娘这般"夸风韵"博知音一顾的做法，也是殊途同归。她这样用生命舞蹈，把座中少年迷得神魂颠倒，个个争相追问虫娘家住哪里。可不论他们如何搭讪讨好，都是徒劳的，虫娘一舞，只为柳七顾盼而已。

真不知，柳七静静坐在一群向虫娘示好的少年中，拥着独系于他的一颗芳心，当是怎样甜蜜而满足的心情。科举落第的失意，在红粉佳人的柔情蜜意下，已不再值得蚀骨悲伤。原来，有了爱与寄托，生命中一些本会带来痛苦的事情，果然可以化为调剂。

若谁能遇到这样一个能引爆快乐又稀释痛苦的人，务请珍惜。山高水长，云雾苍苍，每一次相逢都太不容易。有些河流悄然干涸，有些云朵没了踪影，还有些人，错过就不会再重逢。

誓言如同谎言

爱人的情话，像四月丁香八月金桂，又像晨间彩云暮时霞光，空气被熏甜，天空也染色。"你的唇边，是呼之欲出的春天。"心就融化在这春天里，软绵绵的，浮在云端。可世俗凡人，谁能一直停留云端呢？我们总要坠落，从幻想构筑的国度里出走。

现实如此，让很多人说起情话时，常常心虚。比如穷极时的情话，总少了三分底气。不求锦衣玉食也要争个衣食无忧，这样简单的要求，也不是上下嘴唇一碰就能获得的。

汉景帝时，年少孤贫的书生司马相如，以一曲《凤求凰》俘获了才女卓文君的芳心。富甲一方的卓父不能忍受爱女嫁给一个名不见经传又一贫如洗的穷小子，竭力反对。后来，司马相如和卓文君私奔到成都，文君典当首饰，他们开了一家酒铺，文君当垆卖酒。

昔日里十指不沾阳春水的富贵小姐，不得不粗服乱头地为生计劳碌，贫困中国色凋零，也不知曾许下无数甜蜜誓言的司马相如看在眼中，心里是怎样的百转千回。

"爱情"二字诚然纯粹，心意最重，但一个人和另一个人的牵系，没有心意就少了根基，但如果只有心意，必然也是不牢靠的。情诗、情话固然美好，终如情花一朵，绚烂一时却不能盛开一世。誓言的未兑现，是有情人挣不脱的梦魇。

不是所有女子都如卓文君，守着一箩筐情话就心满意足。爱到满足与爱到贪婪，都是私人的事，旁人无可厚非。譬如虫娘，虽然深爱柳七，醉舞九天只为一人，又有缠绵情话不绝于耳，但她还是渐渐生了抱怨。

小楼深巷狂游遍，罗绮成丛。就中堪人属意，最是虫虫。有画难描雅态，无花可比芳容。几回饮散良宵永，鸳被暖，凤枕香浓。算得人间天上，唯有两心同。

近来云雨忽西东。烦恼损情悰。纵然偷期暗会，长是匆匆。争似和鸣偕老，免教敛翠啼红。眼前时、暂疏欢宴，盟言在、更莫忡忡。待作真个宅院，方信有初终。

——《集贤宾》

虫虫，这是柳七对虫娘亲昵的爱称。想那长身玉立、风度翩翩的青衫男子，在小楼上、深巷里，深情呼唤她的名字，她回报以璀璨笑容。人们爱用"泛黄的时光"来哀悼岁月，可古旧长卷里，也从不缺少潋滟惊人的亮色。美丽的虫娘，就是不会褪色的风景——"有画难描雅态，无花可比芳容"，也是如此，才能把风流多情的柳郎留在身边。

鸳被暖，凤枕香，贪欢享乐，人间天上。

如柳七这样的才子，少不了将连绵情话奉上。他在她的耳边，细细碎碎地诉说，称赞她的美好与温柔，连道一定是自己运气太好，才能得到这么一位与自己同心的曼妙佳人。情话脱口而出，常在情动时，情感超越了理智，捞月摘星都是愿意的，承诺也随着悦耳的情话吐露出来，又哪里顾得上能否兑现。

男人说完就忘掉的情话，常常就成了女人心口的一点朱砂。

虫娘身在烟花地，不管她和柳七的感情如何真挚深浓，在旁人眼中，终归是妓女与嫖客的关系。爱深了，爱真了，人都容易变得贪心。在欢场浮沉多年的女子，谁不想抓住一根救命的稻草，谁不想上岸？

可是，柳七是虫娘的稻草吗？

彼时妻子亡故，他尚未续弦，若能得柳七相助脱了贱籍，再与这情投意合的郎君共度余生，未尝不是一件幸事。可这件事，柳七是做不了主的。一个从青楼中走出的女子，根本不必奢望进入柳府的大门——以儒学治家的柳氏家族，能容忍柳七的放荡不羁已是不易，怎么可能容忍他把烟花巷里的艳遇带回家。

是真情还是假意，长辈们才不在乎。家族名声与文人道统，容不得半点亵渎。

柳七许下的共结连理的约定，曾让虫娘欢喜，可一旦这约定迟迟不能兑现，她便从云端坠落，清醒地回归了现实——他们的爱，是得不到祝福，也得不到保护的。柳七爱惜她，她便矜贵迷人；柳七要离开，她便一无所有。

想东想西，寻不到出路，整颗心都被悲伤填满。再七窍玲珑的女子，中了爱情的毒，也会弄丢那一份天赐的聪慧，因情生怨，因情生恼。对此，柳七岂会浑然不觉，在短暂而匆忙的偷期暗会中，虫娘的恼与怨，他都看得到，看得懂，也明白该如何安慰她的心——"争似和鸣偕老，免叫敛翠啼红。"虫娘想要的是鸾凤和鸣、相携到老的爱情，唯有如此她才能舒展愁眉。柳七懂她心事，也因此更是为难，唯有宽慰："他日定寻个宅院，誓与你作伉俪，结同好，共始终。"

不知这样的许诺，是否还能安慰忧心忡忡的虫娘，但对于沦落风尘的女子来说，能得一知心人如此体惜已足够幸运。欢场中尽是浮花浪蕊，被侮辱、被损害、被辜负，这似乎就是烟花女子注定的宿命，如柳永这般真心爱慕、诚意体惜的男子，已非常难得。

柳七流连京都多年，主要的经济来源是为教坊乐工还有青楼歌伎填词，以及脂粉红颜的偶尔接济。虽然他在歌舞场中轻狂挥霍，但生活事实上还是相当窘迫的。只不过，被月亮蛊惑的人，哪里还会看到夜色的漆黑？

太多人看到了他的风光，却看不到他的潦倒。

想为当红的青楼歌伎赎身脱籍，然后寻个宅院安稳度日，对柳七来说，这并不是容易实现的事情。此时，他又格外怨念起来，倘若科举高中，便不会如此一筹莫展了。

后来，又为了干谒仕进，柳七曾离开京城。难辨《乐章集》中哪一首是为了此次与虫娘道别而写，但这首《征部乐》确确实实完全是思念虫娘的心曲。

雅欢幽会，良辰可惜虚抛掷。每追念、狂踪旧迹。长只恁、愁闷朝夕。凭谁去、花衢觅。细说此中端的。道向我、转觉厌厌，役梦劳魂苦相忆。

须知最有，风前月下，心事始终难得。但愿我、虫虫心下，把人看待，长似初相识。况渐逢春色。便是有，举场消息。待这回、好好怜伊，更不轻离拆。

——《征部乐》

汴京虽然也是异乡，但因为所爱之人在那里，又是梦想的归宿，他乡也变得亲切起来。当柳七踏上干谒漫游的旅途后，羁旅漂泊的辛酸况味涌上心头，他最先想起的，就是在京城与虫娘的雅欢幽会。

美好的旧时光在颠沛流年中变得模糊不清，每每追念，仍觉恋恋不舍，如今人在途中，佳人远隔千山万水，想重温一枕鸳梦也成奢望。良辰美景尽被辜负，令词人也不得不感叹一声："良辰可惜虚抛掷！"

　　柳七对虫娘的许诺还未兑现，心中不免有愧，但他犹豫再三，还是向虫娘道出了自己的一个心愿："但愿我、虫虫心下，把人看待，长似初相识。"天地广阔，生命漫长，一颗心与另一颗心的相遇，究竟要跋涉多么漫长的距离。好不容易闯入了彼此的心扉，却又被天南海北的距离阻隔，真怕情感被时光消磨，最怕你不再爱我。于是柳七对虫娘道："但愿虫虫你不要忘记我。尤其再遇到其他人时，不要交往过深，只如初识便可。"

　　吐露一个愿望，便需要以另一个许诺相抵："只盼春闱再开，我定会策马扬鞭赶回京师，科场夺魁，然后好好怜惜你，照顾你，不会再轻易与你分离。"

　　一句又一句情话，木人石心也会悄然萌动。但一个又一个空许的承诺，会不会令真情也打了折？可这些话，总是能带给虫娘安慰，这些许诺，她总是信着，也盼着。大概爱本来就拥有这样的魔力——一个人总是有办法，让另一个人纵然委屈，也满心欢喜。

自是白衣卿相

可以肆意张扬不计后果的岁月，是青春；那吃苦也如享乐，幸运又总不自知的，也是青春。一切都如疾风，一切都如幻影，青春有一张容易衰老的俊颜。它美好，好到不论你如何为它赴汤蹈火、肝肠寸断，都觉得没有尽全力；它仓促，仓促到你自认为正与它并肩，一眨眼它已在千里之外。回顾青春，尽是唏嘘遗憾。

难怪柳七说："青春都一饷。"他还说："何须论得丧。"年华短暂，发足狂奔尚且追赶不及，何必把韶光虚掷在浮名与得失。这究竟是饱经风霜后的彻悟，还是年少轻狂的知足？有时候，彻悟根源于痛苦，知足只因无计可施。越是幸福，偏有人痛哭流涕；越悲怆时，也有人一脸嬉皮。

嬉皮是他的伪装，谁都知道，他并非不在乎。

宋真宗祥符八年（1015年），柳七第二次参加礼部考试，落第而归；又过三年，真宗天禧二年（1018年），他第三次应考，这一年他的兄长柳三复及第，柳七仍旧折戟。

距离他第一次参加科考，近十年光阴逝去。十年弹指红颜老，倥偬岁月少年愁。三十五岁的柳七，如坠无底黑洞，恍恍惚惚，不知去路。

他自诩才华横溢，却被朝廷拒之门外。他迷茫，愤怒，却无计可施。

黄金榜上，偶失龙头望。明代暂遗贤，如何向。未遂风云便，争不恣狂荡。何需论得丧。才子词人，自是白衣卿相。

烟花巷陌，依约丹青屏障。幸有意中人，堪寻芳。且恁偎红倚翠，风流事、平生畅。青春都一饷。忍把浮名，换了浅斟低唱。

——《鹤冲天》

后人谈及柳七，大多避不开这首词。他虽然戴着面具高调表达自己的无所谓和不在乎，可那从来如惊雷如火焰的耿直性子，早把他对朝廷的不满全部出卖。没有人会料到，这首词会成为他给自己挖的陷阱，在几年之后，令他彻底陷落泥淖。

柳七的狂傲与自负是深入骨髓的，早年间夸下"魁甲登高第"的宏愿，奈何被三次落第的现实碾为齑粉，但他还是自信满满地说：自己的名字未见于黄金榜上，这是朝廷的损失！在政通人和的清明盛世，理当朝野无遗贤——言外之意便是，像自己这样的贤才居然没有得到朝廷赏识，这是不正常的。

"明代暂遗贤"五字有两重深意：其一，柳七虽对朝廷不满，但毕竟不敢明目张胆将朝廷置于"明代"的对立面，所以，他落笔时尚需为朝廷留下几分颜面，更是为自己留下一条退路，所以称当世仍是"明代"，自己会落第只是暂时还未被发现而已；其二，"暂"字隐含希望，柳七也盼着蛰伏深渊只是暂时的处境，终有一日他会题名于黄金榜上，为众人景仰艳羡。

生活里的悲哀大抵有两种，一种是得到，另一种是得不到。前者是怕丧失了目标，怕失去了动力，怕已经捧在手里的梦想反而不及幻想中美好，怕这一切如露珠迷雾，经不起艳阳的考验。而关于得不到的痛苦，大多数人都体会过，生命里总有一些遇不到的人、想不通的烦恼、不能释怀的仇恨、无法倾诉的委屈，还有不能成真的梦想。少许人或是看淡了得失，或是哀莫大于心死，从此不再执迷计较，更多的人已在寻梦的路上越走越远。

柳七如何面对这"得不到"的悲剧呢？于风云际会中大展拳脚的凌云志向已经破灭，他索性转身走向封建卫道士们眼中的"歧途"——"争不恣狂荡"。在此之前他也常常流连教坊妓馆，绝非不惹烟花之人，但极少把功名成就与风流快活对立起来，眼下，他似乎决意放弃风云梦想，一头扎进温柔乡、快活林中去了。从此不论得也好，失也罢，即使只做个布衣词客，风光快活也胜过朝中公卿将相！

向来有"公卿将相帝王前"之说，最是尊崇荣耀的一品卿相，柳七这一介布衣竟敢自比，大有不把仕途名利放心头的姿态。不再伴着一轮明月两点星继续三更苦读，不再"朝扣富儿门，暮随肥马尘"地寻找终南捷径，从此以烟花巷陌为家，朝朝暮暮有笙箫歌舞、温床暖榻！如此已是足够风流，更幸运的是在那百媚千红之中，还有意中人可以寻访——他知她心思，她懂他心意，这是怎样的人生福祉，平生畅快事不过如此。与此相比，浮名也不再值得像以前一样贪慕，美酒在手，佳人在怀，浅斟低唱，已然心满意足。

摆脱了功名欲望的纠缠，酒香醉人，红颜暖心，听上去已是人生绝好风光，柳七若真能从此一心一意做个风流浪子、才子词人，或许此后就会少了诸多波折和烦恼。所谓水滴石穿，绳锯木断，一心一意果真是世界上最柔软又最强大的力量。

可偏偏，《鹤冲天》里的满纸狂语不过是无奈的叹息，辛酸的自嘲。终其一生，柳七都不能在到达青云之上与在烟花巷陌里浅斟低唱之间做出果断抉择，他时而心灰意冷，想斩断仕途之念，每每挥剑，想到数年来的辛勤付出就此付诸东流，又有千般不舍。可在求仕之路走了这么久，依旧遍野昏昏不见曙光，又何来继续坚持的勇气。

此中纠结如同一场恋爱，欲舍难弃，欲走又留，兜兜转转中日已暮，秋已凉，漫天星光也蒙了尘埃，最初牵手都会心动的青涩岁月，终于还是被反反复复与来来去去的折腾磨损了模样。这是一场柳七与功名的恋爱，他同很多怀才不遇的文人墨客一样，并非不能承受物质的窘迫、心灵的折磨和岁月的风霜，只怕，踮起脚尖也看不到一个皆大欢喜的结局。

徘徊不定，就是厄运的肇始；杀伐决断，向来是少见的能力。柳七就这样时而匿于秦楼楚馆，闭上双眼，假装望不到紫宸殿楼角星垂，时而温一杯美酒大醉一场，唯有醉梦里封侯拜相、功成名就，仿佛日月春秋都陡然鲜亮。他的入仕之心，从来不曾萎谢。

这一年的八月，九岁的赵祯被立为皇太子，举朝皆贺。已颓丧数日的柳七，突然又有了填词的兴趣。

星闱上笏金章贵。重委外台疏近侍。百常天阁旧通班，九岁国储新上计。

太仓日富中邦最。宣室夜思前席对。归心怡悦酒肠宽，不泛千钟应不醉。

——《玉楼春》

《宋史·真宗本纪》记载："六月壬辰，诏三班使臣经七年者考课迁秩。己亥，诏诸州上佐、文学、参军谪降十年者，听还乡。"又有云："秋七月壬申，以星变赦天下，流以下罪减等，左降官羁管十年以上者放还京师，京朝官丁忧七年未改秩者以闻。"

柳七在《玉楼春》上阕以极大的热情赞颂了宋真宗一系列远佞臣重外官的举措，足见他虽偎红倚翠流连欢场，但对朝中之事还是极为关心的。"八月庚寅，群臣请立皇太子，从之。"柳七以"上计"赞之，既赞颂真宗善于纳谏，又是对储君的恭维。

宋真宗时期国运昌隆，政治、经济、文化都发展到了较高水平，所以柳七在下阕中的一番盛赞倒也不算夸张。那时候国库充盈，物阜民丰，皇帝礼贤下士，深夜仍招来贤臣询问国计民生。对朝中贤臣来说，即便被深夜传唤，为江山社稷废寝忘食、殚精竭虑，他们也是愿意的。每每问计归来，都是"归心怡悦酒肠宽，不泛千钟应不醉"。

如此盛世画卷，天下有志之士谁不想添上浓墨重彩的一笔，在史书上留下深浅痕迹。这之中自有一个郁郁不得志的柳七，夜坐听雨，昼行临风，看花开花落，月缺月圆，还是不能不论得丧。

高高庙堂，还栖居着他的理想。可栖息寄居之地，终究不是归宿。

第三章

奉旨填词柳三变

温柔乡，英雄冢

温软的怀抱、香艳的情事，每每滞留了男子的脚步，像碧绿而纤细的水藻缠住红色的锦鲤，让它们意乱情迷，便一时忘了跃龙门这件大事。因美色淹留的男子，沉溺于鱼水之欢、发肤纠缠，就连仕途的召唤，也好似木兰舟驶入浅水，纸鸢邂逅了微风，慢慢地搁浅。

柳永之所以能成为柳永，本是歪打正着。说他风流洒脱，不屑于仕途，大抵是其拥趸意淫出来的一顶华丽冠冕。浅浅读上几页《乐章集》，柳七对仕途的向往，便如阳春时节的杨花柳絮，滚成团儿，打着旋儿，扑簌簌地迎面撞来，没有痛感，只让人想起他那句"才子词人，自是白衣卿相"的自嘲，便觉心痒，五指攒动，偏又搔不到痒处。

"届征途，携书剑，迢迢匹马东去"，必是希望有朝一日能在黄金榜上留名，对此他胸有成竹，"对天颜咫尺，定然魁甲登高第"。结局总是喜欢调戏初衷，柳七与宦途，终究不过是落花有意、流水无情罢了。

所以，若认为这位才子是在花街柳巷里迷了路，倒是给那些青楼女子安上了"莫须有"的罪名。也无妨，反正她们背负的坏名声已足够多，洗白了这一桩，底色依然如墨。说柳七自堕情网倒也是真的，他在现实里碰了壁，虽不至于头破血流，疼痛却难免。不羁的心性由此愈发绽放得炽烈，他没有钻了归隐山林的牛角尖，也没有转向浩瀚无边的山水自然，而是一弯腰，一抬脚，一头扎进市井深处的温柔乡里，从此闻香下马，知味停车。

和碰钉子、撞南墙相比，谁不喜欢温言软语？

声色娱身娱情，但更让柳七沉迷的，却是那些仰慕和崇拜的目光。在庙堂上被最高统治者粉碎的自尊，在市井中最见不得光的地方，奇异地得到了安慰。

误入平康小巷，画檐深处，珠箔微褰。罗绮丛中，偶认旧识婵娟。翠眉开、娇横远岫，绿鬓嚲、浓染春烟。忆情牵。粉墙曾恁，窥宋三年。

迁延。珊瑚筵上，亲持犀管，旋叠香笺。要索新词，殢人含笑立尊前。按新声、珠喉渐稳，想旧意、波脸增妍。苦留连。凤衾鸳枕，忍负良天。

——《玉蝴蝶》

若说"误入"平康巷，自惹人三分怀疑。

唐代长安城里朱雀大街纵贯南北，把繁华都市分为东、西两区。东区第三街第五坊便是平康坊，又叫平康里。因着靠近尚书省，平康坊就成了举人士子、书生名流的聚集地。舞文弄墨的风雅人士多的地方，妓院也常常扎堆。柳七在这里，邂逅了虫娘、心娘、英英、瑶卿……每个都温柔体贴、能歌善舞，不得志的才子偎红倚翠，好不快活。

这一次，在秦楼楚馆绘满精致纹饰的檐梁下，珠帘半卷，美女如云。误入其中的柳七，不知遇见了哪位旧日婵娟。青黛画眉，如远山上一抹鲜绿，透出若有若无的情意；鬓发乌亮，像拂堤的杨柳，醉了春烟。

他们在温柔缱绻的烟花巷中对视，一瞬间时光流转，往昔的柔情蜜意纷纷浮现。四下里，都是绿柳丛中寻着对偶的紫燕黄莺，夭桃队里觅着相知的狂蜂浪蝶，他和她对视，仿佛在久别重逢时，再次一见钟情。

柳七没忘记这女子，他记得更深的，是对方对他深入骨髓的爱慕。

爱慕要深到何种程度，才会让被爱慕者久久难忘？

柳七词里形容得妙，"粉墙曾恁，窥宋三年"——战国时名士宋玉家东邻的漂亮姑娘，攀上粉墙偷偷打量宋玉，达三年之久——这翠眉绿鬓的旧识婵娟，待我便如东邻女待宋玉一般。爱慕一个人，他的轻微举动都会卷起心里的海啸山呼。在如潮水一样将人淹没的暗恋情愫里，东邻女能做的，只是日复一日地沉默旁观，自己欢喜，自己悲伤。

想来攀墙窥探之事，那女子定不会大肆宣扬，就算不至于辱没名节，总归还是会招来嘲笑的。她这一腔掏心的爱慕，却是宋玉说出来的。

当时，楚大夫登徒子嫉妒宋玉的才华，在楚王面前屡进谗言。有一次，他突然变了策略，在楚王面前夸奖起宋玉来。他说，宋玉仪表堂堂又才冠京华，除了好色这一点瑕疵，当真是个完人。顿了顿，他又补充，不过大王您还是不要让他陪同进出后宫，以免后宫嫔妃竞相仰慕，惹出事端。

事关清誉，宋玉当下就沉了脸，慷慨陈词："天下之佳人莫若楚国，楚国之丽者莫若臣里，臣里之美者莫若臣东家之子。东家之子，增之一分则太长，减之一分则太短；著粉则太白，施朱则太赤；眉如翠羽，肌如白雪；腰如束素，齿如含贝；嫣然一笑，惑阳城，迷下蔡。然此女登墙窥臣三年，至今未许也。"

这就是著名的《登徒子好色赋》，宋玉的意思其实很简单："面对天下第一美色的倾慕，臣都从未心动！登徒子的'好色'之论，实是诽谤。"

对美人心思，宋玉心知肚明，却只作漠视。那深情崇拜的目光，本就和他无关，于是清醒如他，只嗤鼻一笑。于是，东邻女的爱慕，成了悲情的笑话。不过，但凡生过爱慕之心的人，谁又能笑话谁呢？谁不是倚窗独坐，为那人彻夜难眠，他的名字，原是你的心事。

难怪歌儿舞女，都爱煞柳永——"不愿君王召，愿得柳七叫；不愿千黄金，愿得柳七心；不愿神仙见，愿识柳七面。"他在如云佳丽那里得到了多少慰藉，就回馈了多少真心。歌伎舞女们认同他的才华，欣赏他的风流，他在众星捧月的时光里，暂时忘却了落第的打击，忽略了主流的鄙视。他不像宋玉把佳人爱慕碾成芳尘，而是揣着感激，投进温柔的陷阱。

再次重逢，那美人眼中尽是惊喜。感情和欲望，在这些贱籍女子看来，都是廉价的，无须遮掩。于是她满心欢喜地备下华美筵宴，又亲自持来犀角管笔，铺好香笺，含笑着立在席间，向柳七索要新词。娇憨至极，妩媚至极，恰似一朵正值花期的芙蓉，令人不能不醉。

醺醺已醉的柳七，提笔便有了新词。美人接过新曲，像是捧着稀世珍宝，她屏息敛容，逐字度过，然后会心一笑，婉转的歌声从樱唇吐出，便如一颗颗浑圆透彻的珍珠，滚落到参差错落的白玉石阶上。

在这样温柔的倾慕中，柳永不断自我催眠：做个白衣卿相，兴许，也不错。

催眠起了作用，就觉困意袭来。绣着凤凰花饰的锦被，纹着交颈鸳鸯的枕头，都成了无须抗拒的诱惑。良辰美景都在当前，考取功名又能如何？

柳七便心甘情愿地，坠入了更深的温柔里。

醉卧烟花柳巷

古人的婚姻多受父母之命、媒妁之言的影响，少有如李清照一样幸运的，恰能与心仪之人共牵一条红线，才情互许，志趣相投，然后结芙蓉并蒂、琴瑟和鸣之好。尤其官宦人家、书香门第的子弟，更易被门第观念束缚，婚姻中常常掺杂太多情感以外的因素，或为家族利益，或为地位权力。于是，两个甚至从未谋面之人就在喧天锣鼓中拜天地，结连理，定下一生誓约。

宾朋往来谈笑宴宴，也不知被这盛大喧嚣簇拥着的两位主角，内心是怎样的百味光景，或许欢喜有之，憧憬有之，迷茫有之，失落有之。就这样，婚姻是婚姻，爱情是爱情，本是连体的责任与情感，硬生生被割开一道伤口。若有人悉心经营，温柔守护，或许还能治愈伤痕，换一份举案齐眉、相濡以沫的平淡幸福。还有的人，将自己当成婚姻里的路人，冷漠以对，直至把对方的热情也冻成寒冰。

可怜了那些求爱而不得的人，关于爱情的美好憧憬被负载太多的婚姻碾为齑粉。尤其可怜的是那些未得到丈夫宠爱的女子，被囿于深闺，连那一道门槛都不能轻易跨出，遑论挣脱婚姻的牢笼！相较而言，男人则幸运很多，起码他们还有很多条路通向爱情。

古代文人流连于烟花地，除了对美色的贪恋，有时候还带着含蓄的雅趣，更重调情，可以说，有些文人是抱着谈情说爱的愿望出入青楼的。一如柳七，虽有幸娶得如意娇娘，无奈天妒佳侣，红颜命薄。多情如他，在妻子辞世后更是频入欢场。久在众人簇拥下度日的青楼女子，在热闹喧嚣的光景中独自品尝着难言的孤独，当她们碰到像柳七这样诚心相待的男子，漂泊日久的芳心突然就开始盼着停泊，于是施展浑身解数，只求从此后不再形同孤雁无枝可依。

那些沦落风尘的女子到底有何魅力，能让阅尽千红万紫、历尽千山万水的人也流连不去？

其一，清越歌声仿若少女心事，最让柳七销魂。

帘内清歌帘外宴。虽爱新声，不见如花面。牙板数敲珠一串，梁尘暗落琉璃盏。

桐树花声孤凤怨。渐遏遥天，不放行云散。坐上少年听不惯。玉山未倒肠先断。

——《凤栖梧》

清亮歌声穿过重重帘幕而来，柳七人在帘外，只闻其声未见其人，却已能想见帘内佳人那如花朵一样娇媚的面容，可见佳人的声音多么婉转悦耳。牙板轻拍，歌声如珠串一样圆润流转，梁上积尘应声而落，落在晶莹剔透的琉璃盏里，好像沉睡了千年的心事，突然就因这世间妙音而苏醒。

歌声从美人歌喉而出，更是从她心间溢出，满满的都是情绪。她的声音仿佛是从繁茂而幽深的桐花深处传来的金凤哀鸣，响遏九天，连行云都为之吸引，久久不肯散去。座中人虽被她的声音倾倒，到底不忍卒听，实在是因为那如泣如诉的声音，让听到的人肝肠寸断。

这声音，自是柳七迷恋的。声音的主人虽然自始至终没有露面，但她的桃花面容仿佛已在眼前，眼波流转，仿佛晴日下的潋滟秋水突然被惊扰，于是就荡开了一圈圈涟漪。座中柳七就如同玉石砌作的堤岸，水波撞来，复又荡开，缠绵交织，就像复杂到无解的情意。

其二，曼妙舞姿如同缤纷花雨、璀璨星海，也让柳七着迷。

提到善舞者，便不能不提汉成帝的宠妃赵飞燕，她歌声娇脆，舞姿轻盈，仿佛枝上娇莺，又似凌波仙子，极受汉成帝宠爱。据传有一次赵飞燕在太液池中的高台上翩翩起舞，一阵疾风袭来，纤弱舞者似乎要踏风而去，吓得汉成帝赶紧命人拉住赵飞燕的衣裙，唯恐她被风吹去。后来，成帝特意下令修建了一座七宝避风台，作为赵飞燕独有的舞台。

其实，重要的岂是那一座玉雕石砌的避风台，便是黄金铸造也不及一颗珍视的心。若一个女人是为这样的男子起舞，是否也是一种幸福？

有个人人。飞燕精神。急锵环佩上华茵。促拍尽随红袖举，风柳腰身。

簌簌轻裙。妙尽尖新。曲终独立敛香尘。应是西施娇困也，眉黛双颦。

——《浪淘沙令》

柳七邂逅的这个女子就是如赵飞燕一样善舞的舞者。她舞动起来时体态轻盈，恰能令人想到曹植《洛神赋》中"凌波微步，罗袜生尘"八字。环佩叮当作响，应和着急促的音乐，又与飞旋的红袖一起撩拨出别样的情怀。女子的纤细腰肢如同风中婀娜摆动的柳枝，衣裙簌簌，轻纱飞舞，只令在场的每一个人都啧啧称奇，无法错开视线。一曲终了，管弦尽停，她亭亭独立于舞台中央，连舞步扰起的芳尘也不再浮动，似如座中观者，目不转睛地欣赏着这一幅美人静立图。

这画中美人，又何尝不是在小心翼翼地打量四周，捧着一颗芳心希望被人珍视。可一番探寻终究归了落寞,如花面容掩不住些许倦意,黛眉微微蹙起,谁知她心事?谋爱之人,为爱甘心做囚徒,可是,矜持也是禁锢,世间并无几人拥有抛下一切做一只扑火飞蛾的勇气。

　　能歌善舞,在花街柳巷里虽然算不得什么稀奇本领,但其中佼佼者,自然比纯以美色侍人的女子更多三分底气。风尘女子,总是各有各的不幸,本也是单纯清白的女孩子,因各种难以抗拒的变数身陷泥淖,即便已经沦落到生活的底层,仍旧不得不为了生活费尽心思。拥有美貌容颜还不够,还需色艺俱佳,即使做不到琴棋书画、诗词歌赋样样精通,至少要有一技之长,才可能在群芳中崭露头角,这既是为了生存,也是为了活得风光。连少有人寻访的深谷,野花也会努力开出最绚烂的姿态,而人来人往的烟花巷里,哪个女子不想受人瞩目,被讨好恭维?

　　前两首词中的歌者与舞者已十分幸运,能在《乐章集》中占得一阕风光,遗憾的是她们都没有留下名字,只是成了万千脂粉中一个并不多么特别的存在。不像英英,固然不是柳七生命中的唯一,但终归有芳名流传。一朵花有了名字,就会比旁边的花多三分妩媚,能让人记住的,它的美才会显得更深刻。

英英妙舞腰肢软。章台柳、昭阳燕。锦衣冠盖，绮堂筵会，是处千金争选。顾香砌、丝管初调，倚轻风、佩环微颤。

乍入霓裳促遍。逞盈盈、渐催檀板。慢垂霞袖，急趋莲步，进退奇容千变。算何止、倾国倾城，暂回眸、万人肠断。

——《柳腰轻》

英英也是个天生的舞者，舞蹈时最富风情，尤其那柔韧腰肢令柳七印象深刻，是以这首词以"柳腰轻"度名，最是恰切。英英起舞时，腰肢如章台垂柳，人如汉宫飞燕，足见其超群舞技，难怪不论是锦衣华冠的官宦子弟还是珍馐玉食的富贵人家，都纷至沓来，不吝千金地邀请英英为府中筵席、堂会起舞助兴。她回首香阶，默默伫立，只待管弦响起，她立刻如同被风照拂的柳絮，被春霖滋润的新笋，翩翩起舞。

一曲霓裳羽衣，承载着唐玄宗与杨玉环惊世骇俗的传奇爱情，还沉淀着李后主与大周后琴瑟和鸣的一腔深情。乐曲节拍渐快，英英也随之调整舞步，水袖舞动艳若云霞，莲步急趋进退有致。有幸围观的人已被她那绝伦舞姿折服，何况她还有倾国倾城的容貌，只瞬间回眸，已足够颠倒众生，令人荡气回肠。

人之妖娆与舞之丰美已无须赘述，自是这些常人不及的气质吸引柳七为她写下锦绣词章。但词中的蛛丝马迹，还是惹人唏嘘。

上阕中"章台柳"虽以柳来摹状佳人蜂腰，但背后实则还有一桩引人入胜的故事。唐天宝年间，秀才韩翃滞留长安，与李生交善。柳氏本是李生家中蓄妓，色艺双绝，渐与韩翃生了情意。李生得知他们互相倾心，于是倾囊相助，玉成了这桩好事。后来韩翃中第回家省亲，柳氏留在长安等他回来。谁知人算不如天算，"安史之乱"爆发，硝烟弥漫，两人重逢难期。柳氏一介弱女子在战乱中自身难保，唯恐容颜惹出祸端，于是自毁面容，出家为尼。等到两京收复、祸乱平息后，韩翃回到长安，终于辗转寻到柳氏的踪迹，于是密遣使者送黄金一囊并附《章台柳》相赠："章台柳，章台柳！昔日青青今在否？纵使长条似旧垂，也应攀折他人手。"

柳氏手捧新词，呜咽不止，并写了一首《杨柳枝》回赠："杨柳枝，芳菲节。所恨年年赠离别。一叶随风忽报秋，纵使君来岂堪折！"

柳氏终日感伤恨别，盼君到来，如今终于有了消息，她又担心自己韶华已逝，年老色衰，"纵使君来岂堪折"。这并不是柳氏一人的担心，芸芸众生谁不怕流年辗转将最好的年华带去，尤其女子看着镜中衰老的容颜，仿佛看到了将如直线下坠的后半生。所幸，传说后来韩翃与柳氏破镜重圆，相濡以沫至终老。

人常说欢场之中多的是逢场作戏，如今落幕，韩翃和柳氏的圆满结局远比他们那浪漫的开始更让人窝心。男人有意寻个红粉知己陪自己对月赏花、临风赋诗，只论风花雪月不谈柴米油盐；女子有心觅个沉稳靠山，除求衣食无虞，还盼被人妥善安放，悉心珍藏，从此免受惊扰，不再流离。小小一方欢场，有男男女女往来穿梭，寻欢亦是寻爱。

待到曲终，人散，还有谁的名字铭心刻骨，终有哪段情缘善始善终，唯有风月知晓。

管他春夏秋冬

"柳屯田永者,变旧声,作新声,出《乐章集》,大得声称于世,虽协音律,而词语尘下。"宋代女词人李清照在她的词学观点专著《词论》中对柳永做出了这样的评价。在词的创新以及音律方面,李清照并不吝啬对柳永的褒扬,但"词语尘下"四字又如一根利刺,直接给柳词刻上了"浅近卑俗"的标签。

关于柳词是雅是俗,在文学史上素有争论,不过更多学者倾向于将其定位于卑俗一类。比如宋室南渡之初,学者王灼在《碧鸡漫志》里称柳词"浅近卑俗,自成一体,不知书者尤好之。予尝以比都下富儿,虽脱村野,而声态可憎";又南宋初年,徐度在《却扫编》评论柳词"虽极工致,然多杂以鄙语,故流俗之人尤善道之"。

事实上,在关于柳词的诸多评论中,现在流传最广且令今人印象最深刻的莫过于叶梦得的"凡有井水处,即能歌柳词"一句,同样指向了柳词的俗——通俗,因通俗才为众人接受并欢迎，才能广泛流传；可毫无疑问，李清照、王灼、徐度等人的评价则带有鲜明的贬损意味，他们批判的是柳词的意俗。

也难怪，翻遍《乐章集》，其中过半都是情词，除了寥寥几篇是写给他的妻子的，其他多是为了取悦佳人而作的赠妓词，或是对寻花问柳的放荡生活的记录。不少难登大雅之堂的幽会往来，都被他堂而皇之地纳入词中，并且有些极是香艳。宋代狎妓成风，其他文人不是不写春词艳曲，而是讲究"含蓄"二字，所以那些写男欢女爱的词作也少见激情，大多表现得隐晦曲折、婉转朦胧，所谓点到为止才是高招。可柳七，屡屡与之背道而驰，那些从他笔下汩汩而出的旖旎春光、风韵艳情，绚烂夺目，如同清新芳草地上突兀而起的一朵骄傲玫瑰，不仅要夺走百花的风光，还要刺伤那些自诩高贵脱俗的花草，如此，怎能不令试图维护道统尊严的人恨得牙痒痒？

当众人都佩戴着精美而繁复的面纱，一个以真容示人的人，必然显得格格不入。做时代的异类终归是一件冒险的事情，所以中庸之道才千年不朽，那些率先从众人中昂首走出来的人物，总是最先被集火的。

并非唯有柳七独爱情词，张先、晏几道、欧阳修、周邦彦等宋词大家的笔下都不乏谈情说爱、风花雪月的作品，可终归不像柳七大大方方地把情与欲写得那么露骨。其他文人刻意忽略或竭力避讳的，在柳七眼里似乎都算不上是禁区。当一个人无视了他人珍视的底线且毫不自知，难免会被讨厌。

有宋一代，柳七会被嫌恶，柳词会遭贬损，实在不足为奇。

蜀锦地衣丝步障。屈曲回廊，静夜闲寻访。玉砌雕阑新月
上，朱扉半掩人相望。

旋暖熏炉温斗帐。玉树琼枝，迤逦相偎傍。酒力渐浓春思
荡，鸳鸯绣被翻红浪。

——《凤栖梧》

这不是柳七词中最香艳露骨的，却已足以让很多传统文人大
惊失色。或许正是因为过"淫"，所以很多关于柳词的专著文献
中都不见这首词的痕迹，不知是学者文人们不齿研读还是羞于
注解。

这是一幕极具画面感的月夜幽欢。以蜀锦为地衣，以金丝
为步障，环境的奢华与讲究从侧面烘托出了女子的美丽。当夜幕
静静垂下，四周寂寂无声，一弯新月悄悄爬上半空，把凉如秋水
的银辉轻轻洒在雕栏玉砌上。万籁俱寂时分，夜色催人入眠，奈
何她独坐窗前望着朦胧月光下的屈曲回廊，毫无倦意。夜深而不
眠，自有万千心事——她的心思太容易猜透，瞧那半掩的朱门，
是否犹如她的心扉，只等有人闯入。门扉半掩待人来，多少恩爱
情仇，都有这样类似的开始。当然，也有不少露水情缘，开始也
是结束。

她大概等了许久，等到一颗芳心也如回廊屈曲交错，纠缠如麻，终于有人叩响门环。所有忐忑不安，所有柔肠百结，都在门扉被叩响的刹那随晚风散尽，不留寸许。

等待不落空，才是对所耗时光的最大安慰。

两两对望，脉脉柔情浓得化解不开，连多情的月光都不忍打扰。她轻旋香炉，有烟雾徐徐升起，醉人的味道让室内陡然又添旖旎，她忙又抖开榻上锦被，一切安排都已有十分默契。对坐浅酌几杯美酒，酒不醉人人自醉。美人如玉，君子似琼，两两相依相偎，又有酒意渐渐涌上，柔情蜜意更是情不可遏。一时间，"鸳鸯绣被翻红浪"。

一句"鸳鸯绣被翻红浪"，多么形象而大胆的描写，给那些顽固夫子读到，定要丢掷一旁，再加上几句唾弃以表明"道不同不相为谋"的正义立场。先哲孔子在《礼记》中早就说过："饮食男女，人之大欲存焉。"凡世间人，离不开两件大事，其一是饮食，其二是男女。孟子也曾有过"食色性也"的言论。后世人谈及此间种种，照样如临大敌一般。

柳词中像《凤栖梧》一样旖旎缠绵的还有很多，比如《菊花新》也是向来饱受诟病的香艳词篇。

欲掩香帏论缱绻。先敛双蛾愁夜短。催促少年郎，先去睡、鸳衾图暖。

须臾放了残针线。脱罗裳、恣情无限。留取帐前灯，时时待、看伊娇面。

——《菊花新》

"柳永淫词莫逾于《菊花新》一阕。"清人李调元甚至在《雨村词话》中把这首词视作柳永艳词之最。其中温情缱绻自不必多论，这女子倒是别有一番引人向往的气场。因情意绵长更怨良宵苦短，或是因为情郎不能常伴她左右，所以便是在这难得的幽会之时，她也敛起蛾眉，现出愁容。

这是个与众不同的女子。

想来古典诗词中出现的女性，大多温柔体贴、含蓄内敛，尤其在心仪的人面前更如娇花弱柳，浑然一副无害模样。同这些千人一面的女子相比，柳七笔下这一位显得大为不同，她俨然是生了刺的，不高兴时绝不肯把情绪遮掩，即便在幽会时，也不怕自己蹙起的眉头可能会让对方扫兴。她一边催促情郎赶紧先去暖被，自己却不紧不慢地放下手中绣花针线，轻解罗裳，婀娜上前。正值良辰，她为了让情郎看清楚她的如花面容，竟还在帐前留下了一盏烛灯！光影绰绰，哪里还辨得出花容月貌，只见无风而帘动，这是何等光景！

这女子的娇嗔、任性和纵情，极大地颠覆了古典诗词中的传统女子形象。她的妖娆妩媚、放浪举止，有着遮掩不了的风尘味道，但这股别样风情也自是让人深深痴迷不已。温良贤淑的女人多惹人怜、让人敬，却不及这如火如刺一样的女子更加惹人爱，让人宁肯被燎伤、被刺痛也要义无反顾地凑上前去招惹。有多少文人墨客在这火红的石榴花下醉倒不起，可又有几人能如柳七这样不计较世俗目光，大大方方地为她们唱一曲赞歌？

被斥为淫词艳曲如何，被贬抑嘲讽如何，他在花间醉倒，便定要为醉倒他的万紫千红挥毫泼墨，写风尘之思，浪子之情。说他轻薄也好，浪荡也罢，他的大半生，终究要在温柔乡里一边唱着缠绵多情的曲子，一边与他向往的仕途渐行渐远。

自去奉旨填词

人生是一条向死而行的路，不管是天子贵胄也好，平民庶人也罢，都再无其他归宿。死后元知万事空，生前兢兢业业、汲汲营营换得的一切，在生命蜡烛熄灭后，都像是在坟茔前焚烧的纸钱，红红火火地燃烧一场，然后化作一缕青烟消失在苍茫的天地间。落红坠地化作春泥，人死之后白骨枯败，也不过是辽阔大地的一方土肥。

宋真宗乾兴元年（1022年）二月，真宗驾崩，年仅十三岁的太子赵祯继承皇位，也就是历史上著名的宋仁宗。仁宗一朝，汴梁如梦正繁华，政治昌明，文化鼎盛，还出现了如范仲淹、包拯、三苏、狄青等众多名垂青史的文武贤臣。四海升平正当享乐，来自五湖四海的士人才子云集京师，又有八方佳丽把偌大的帝都装点得温软香艳、华美繁荣。遍览柳词，常见对这繁荣盛世的赞颂。

但即便最绚烂的风景背后，也常常有一些不足为外人道的辛酸事——宋仁宗并非在即位之初就拥有了这鼎盛时代，很长一段时间内，他亦曾扮演过傀儡帝王的角色。仁宗一登基，就尊真宗的皇后刘氏为皇太后。因新皇年幼，"军国事兼权取皇太后处分"，刘太后成为实际的掌权者。

不管是谁坐拥江山，有志之人都会披荆斩棘、顶风冒雪地朝着权力的山峰攀缘。古人说"一鼓作气，再而衰，三而竭"，可纵观历史，有多少人在仕途上跌倒一次又一次，即使抱怨牢骚，还是会坚定地爬起来，直至须发皆白也不肯放弃。

天圣二年（1024年），柳七再一次参加了科举考试。

这是他第四次踏入汴京的考场了。十五年前，当他揣着金榜题名的期待第一次踏入考场时，并没有想到此后会三番几次地无功而返。也正是因为谁也无法预知后事，生活中才会有那么多惊喜和失落，才会在阴晴变化间显现出更加瑰丽的色调。

坊间盛传，这次科考，蒙尘日久的柳七终于大放异彩，博得了主考官的认可。可是临轩放榜，一向留意儒雅、务本理道的宋仁宗突然对朝廷新选拔出来的人才生了兴趣。他查阅试卷，突然龙颜不悦，说道："这个柳三变，岂不就是有词《鹤冲天》流传，大呼'忍把浮名，换了浅斟低唱'的浪荡子吗？"仁宗向来深斥浮艳虚美之文，此刻不及细看柳七文章，便御笔一挥："且去浅斟低唱，何要浮名！"

柳七本乘青云而上，突遇疾风骤雨，硬生生地就被扭转了方向，这是怎样的悲剧。他因词章成名，也因词章惹祸，其中辛酸百味，便有锦心绣口也吐露不得，只能吞声饮泣，强咽苦果。后世人论及此事，在表达对柳七的同情时，也不会忘记对宋仁宗一番鞭挞，怨其以一己之好恶而埋没人才，导致这才华惊世的词人无辜受尽生活的折磨。不过，还是有人忍不住要替仁宗喊一声"冤枉"的。

这一年宋仁宗十五岁，虽已是意气风发的少年，有心把属于自己的权力夺回，但权力纠葛历来复杂，想在一个大家族中掌权尚且难比登天，何况掌控一个国家？宋仁宗的亲政之路并不容易，他小心翼翼，不敢有半分闪失。柳七此次参加科考，朝政仍由刘太后及其亲信把持，所以，他会在放榜前遭到黜落，极有可能是刘太后的意见。

同一年，被这权力之手改变了人生的还有宋氏兄弟。

宋庠和宋祁苦读多年，颇富文采，受到当时以文章成名的安州太守夏竦的赞赏，一时间声名鹊起，被称为"二宋"。他们一起参加了天圣二年的会试，结果宋祁拔得头筹，中了进士一甲第一名，宋庠为第三名。这个结果被呈报给仁宗和刘太后，仁宗还未发表意见，刘太后则大呼不妥，在她看来，弟弟排名在兄长之前有违礼法，于是以"弟不可先兄"为由把宋庠擢升为第一名。又思量一番后，刘太后仍觉不妥，唯恐"二宋"同入三甲会遭人非议，于是宋庠仍为第一名，宋祁却被降为第十名。本该成为状元郎的宋祁，就这样阴差阳错地成了二甲进士。

从刘太后在"二宋"事件中的所为来看，如果任由"好为淫冶讴歌之曲"的柳七顺顺利利地进入朝堂，是对她所维护的道统的玷污，也是对她的权威的挑战，所以她确有可能在放榜前下令将柳七黜落。

这是柳七距离成功的峰顶最近的一次，然而还是差了一步，他最后坠落到了无底深渊里。棋盘上一招走错，或是满盘皆输，或是绝处逢生杀出一片新的天地，人生也是相似的——似乎他伸出手去就能把功名利禄揽入怀中，可偏偏有人无情地撤去了脚底的云梯，于是他跌落最深的泥淖，旁人都以为他将会被无边无涯的绝望淹没，可他偏偏出人意料地，在最漆黑处绽放出了最绚烂的花朵。

绝境里开出的花，格外珍贵。在逆境里绽放光彩的人，皆是传奇。这无异于无妄之灾，他被统治者的一句"且去浅斟低唱"彻底放逐，仕途就此如同被判了死刑。他穷尽半生努力靠近的，却无情地将他推开，他只能无奈一叹，自嘲"奉旨填词柳三变"。此前，他的父亲柳宜已经去世，这对柳七也是个沉重的打击，一来他未能在父亲临终前考取功名，换半生抑郁的老父亲展颜一笑，二来他至此也丧失了家庭的经济帮助。仕途无获，生活潦倒，柳七从此与乐工、歌女合作，成了一个专业的词人。以词博情，也以此博财，情路通达，财路平坦，偏偏却不是他最想要的。

后人大可以说，失之东隅，收之桑榆，柳七的不幸正是文学的大幸。可他当时的痛苦，不曾有人分担毫厘。或许是不想重蹈覆辙，这一次他把愤懑和不满掩藏得很好，词中再难觅他的心思，抽丝剥茧也不过窥见皮毛。

平生自负，风流才调。口儿里，道知张陈赵。唱新词，改难令，总知颠倒。解刷扮，能唝嗽，表里都峭。每遇着、饮席歌筵，人人尽道：可惜许老了。

阎罗大伯曾教来，道人生，但不须烦恼。遇良辰，当美景，追欢买笑。剩活取百十年，只恁厮好。若限满、鬼使来追，待倩个、淹通着到。

——《传花枝》

这是一曲浪子的悲歌。浪子柳七能诗、能文、能歌，据说还擅长给女子化妆，道一句"平生自负，风流才调"委实不算夸张。拆白道字的文字游戏难不住他，谱新词改旧曲对他来说也可谓雕虫小技。凡此种种全部手到擒来，柳七有时也难免沾沾自喜地赞自己"表里都峭"。尤其遇到饮席歌筵，正是他大展身手之时，或有当红花魁在席间高歌他的新词，惹来众人争相称赞，或有三五歌女环绕在他周围，娇声嗲气地讨要新曲。这番风头让多少旁观的人羡煞，可他还没有享受到被重视、被崇拜的快乐，就听到有人窃窃私语："可惜许老了。"

是的，柳七已不再年轻。昔日的轻狂少年现在已年近不惑，本应稳稳当当、兢兢业业地谋求一番作为，可仕途容不下他，他只能在这脂粉乡里寻一条出路。当"人人尽道"他已老迈时，聪明如柳七，敏感如柳七，又怎么可能感觉不到时光的流逝。

不是第一次感受到死亡的迫近，却是第一次想到死亡时不再惶恐。他的心情豁达通透，犹如雨后荷花上滚动的晶莹水珠，在初晴的阳光下折射出斑斓光彩，仿佛能够驱散死亡笼罩在人心田上的阴霾。即使阎罗遣来厉鬼又如何，他并不觉得害怕，人生不如意事十之八九，既知此理又何须烦恼？惜良辰，观美景，赏美人，有安逸路途只需纵马而上，有欢乐事但求洒脱去享。光阴如梭不过百年，但求与相好之人多伴一程，就十分满足了。等人生大限将至，只求"阎罗大伯"派个鬼差通报一声，他就能放下尘世一切，潇潇洒洒地随鬼差去报到了。

唯有"豁达"二字可以概括柳七在这首《传花枝》中流露的态度。可究竟是什么成就了他的豁达？果真是福至心灵般的恍然大悟吗？仍是无奈罢了。

水滴晶莹，终会干涸。待它消失后，留在翠绿荷叶上的浅浅泥痕，才是雨水真正的心事。柳七"奉旨填词"的心思，也是如此，带着无法遁形的伤痕。

恩爱在一时间

"莫攀我，攀我太心偏。我是曲江临池柳，这人折了那人攀，恩爱一时间。"

有人深情款款地向一位风尘女子吐露了爱意，似乎还有意要为她赎身，与她朝朝暮暮长相厮守。身似浮萍、命如烛火的青楼女子，谁不盼望能有这样的归宿。她本当满心欢喜，即使喜极而泣也不算失态，但她面上笑意盈盈，一开口就陡然生出一副凛冽心肠。

她说："请不要再固执纠缠，更不要对未来抱有那么多不切实际的幻想。我不过是曲江江畔一棵临水而立的垂柳，这人路过折断一枝，那人走来又折一条，旋即又被丢弃，恩宠疼爱不过一时之间，世上哪有什么专一而长久的爱情。"

池边柳临水自照，对影自怜，江上横波都是她心湖的涟漪。

对热情如火的求爱者来说，这番拒绝的话无异于兜头而下的冷水，可他求爱不得，不过是得一场风寒感冒，半月痊愈，转身就另寻新欢。不像这看似无情出言相拒的女子，才真正罹患了对爱无望的绝症。

失恋像感冒，谁没有得过，又有几人会受伤到老？有心爱却不信爱，才是情路上绕不过去的深渊，治愈不了的病症。这首唐代敦煌曲子词《望江南》就是绝症患者的心曲。因了她的风尘出身，一切都显得更加耐人寻味。

沦落风尘已是不幸的遭遇，更不幸的，是因为这卑贱的出身，旁人就有了对她们的合法伤害权。官府的欺凌是合法的，鸨母的压榨是合法的，嫖客的凌辱是合法的，路人的歧视是合法的，就连情人的背弃也成了自然而然的事情，绝少受到道德的谴责与舆论的声讨。

因堕落风尘，她们果然就如风中尘埃、雨中花屑，飘零无依，被碾落成泥。周旋于形形色色的男人之间，辗转逢迎，曲意承欢，卖弄着无边的春色与风情，笑容如同美酒，令人简直看上一眼都要醉了。可多数人也仅仅是酒醉而已，一时沉迷稍后即醒，转身就是天涯。她们自然深知，那些醉时的海誓山盟，都是一指流沙，不要相信，不要追问，听听就好。短暂风流快活后，他重新踏上阳关道，她继续走这走不完的独木桥，谁更薄情谁更寡义，本就不是多么重要的事情。

远离了人群喧嚣，人人都是寂寞的过客。

可是，只见娼门负心，不见恩客薄幸，这是世俗的怪病，因罹患此疾的人太多，于是人们反倒见怪不怪了。

那些面似芙蓉娇、心如黄连苦的青楼女子，向来是柳七词中常见的。她们的心事，柳七也懂——她们也曾有情，渴望爱与被爱，可马蹄哒哒响起，她们却总是成为对方生命里的过客。她们是美丽的风景，被人欣赏又被人路过，连同被爱的向往，也就这样一起被带走了。

一生赢得是凄凉。追前事、暗心伤。好天良夜，深屏香被，争忍便相忘。

王孙动是经年去，贪迷恋、有何长。万种千般，把伊情分，颠倒尽猜量。

——《少年游》

被爱短暂垂怜后便是长久的遗忘，是幸还是不幸？正值锦绣年华却生出一生将尽的悲伤，只因爱太短，回忆太长，情伤果然最致命。回眸青春过往，唯觉"凄凉"二字可做注解，她明明还有娇花容貌，心灵的原野上却已遍布荒草。荒烟蔓草般的追忆里，最绮丽最温暖的一幕，当属好天良夜时，深屏如画，香被熏暖，两两相拥而卧，互诉些甜甜蜜蜜的情话，以为这就是地老天荒了。

若无最好的福气和运气，地老天荒，岂是这样唾手可得的事情？

她在风尘里来来去去，定然听过更悦耳的情话，被许过更深情的誓言，可唯有这一幕至今仍被她放在心上。舍不得遗忘并不可怕，可怕的是想忘却忘不掉。昔日恩爱情缘就像抹不掉、斩不了、挥不去的眉心朱砂，她朝朝暮暮不忘，但那个人是否也如她一样铭记在心？

承诺要靠两个人来完成，背弃却是一人就能完成的事情。"王孙动是经年去"，和她花前月下山盟海誓的人已离去经年，杳无音讯。他或许曾许诺要救她脱离风尘，于是她就在无边苦海里耐心相待，或许还因此拒绝了一艘又一艘渡船，任由一颗玲珑心被浸泡得苦比莲心。

人生若汪洋，他已独自游弋而去，不知去向，不知归期。正因情深，更不愿相信这便是结果了，于是搜肠刮肚，冥思苦想，想寻一个借口。既是给他找一个正大光明的理由，也是给自己寻一点安慰。猜测着他在远方或是有所羁绊，或是别有贪恋，于是才迟迟不回，可她又忍不住惴惴，远方究竟"有何长"会让他流连不返——是名与利，是情与爱？怕远方有美景美人迷他心眼，更怕远方并无所长，而她所在的地方，于他而言也不过是并不特殊的他乡。

颠来倒去万千猜量，终不愿相信，此前生离已如死别——那个烙印在她心里的人，再不会回来。

莲知莲心苦。她心里有多苦，只有她本人知晓。

这并不是她一人的遭遇。世上女子，就这样被默默辜负的还有很多，风尘中类似的事情尤其多，比如被阮郁始乱终弃的苏小小，被李益辜负的霍小玉，她们本期待从此脱离苦海，谁知反而因一段未得善终的爱情，陷落到了更深的绝望里。

从此漫漫白昼与长夜，不见对影，只有一个孤单的人，独自唱着爱恨纠缠的曲子。

帘垂深院冷萧萧。花外漏声遥。青灯未灭，红窗闲卧，魂梦去迢迢。

薄情漫有归消息，鸳鸯被、半香消。试问伊家，阿谁心绪，禁得恁无憀。

——《少年游》

寂寞冷落的庭院中，再不见恩爱的眷侣。他们或许曾一起月下饮酒，风中听蝉，小小一方院落，处处烙印着往昔深情，待到一切散尽，片花寸草都在提醒着她的孤单。

爱情经过了一下子，有人将为此沉迷一辈子。

花开无人欣赏，更漏声惊破长夜，在夜不成眠的人心头割开一道伤口。她就在这孤独的夜里，闲卧窗边，独守着一盏忽明忽暗的青灯，心思已不知飘向遥远的何处。幽幽一点烛火就如同她心中对那个人的期待，不明，不灭，照不亮黑夜，也不肯就此熄灭让她死心。除了求而不得，不得尚不死心才是爱情里更加恶毒的诅咒。

鸳鸯锦被已冷，室内余香将散，那薄情人还是音讯渺茫。明知他十之八九不会再回来，还是忍不住想向他倾诉委屈："究竟什么人才能有这样的心情，能经受得起这样漫长且无聊的等待？"

她不是不知，这等待是漫长的，未来是无望的，可她还是要等下去，等到何时心死了，爱灭了，才是终点。有这么一种爱情的痴者，此生只爱一人，其他人再难叩开她的心扉，纵使再有人执着追求，于痴人而言也是将就。

她不愿将就，所以注定孤独。从此以后，他的名字就是她的心事。

柳七词中遍是对这些女子的同情，可究其人生，他未尝不是一再扮演着薄情者的角色。诚然是多情客，转身就成了无情人。

从十九岁离开家乡，一路从南向北，二十余年辗转漂泊，他不知从多少人的生命中路过——他虽然把自己当成过客，却在不知不觉间成了别人生命里的永恒。每许下诺言时，他也是满分的真心，可终究耐不住岁月的磨砺。为了前途功名、功业梦想，他转身而去。夕阳将他寂寥的影子拉长，覆盖在泪眼婆娑看他离去的女子身上，从此再挣不脱他的影子，思念一丝一缕连缀，像人生一样漫长。

便想对这些痴痴相候的人说，可以想念，可以眷恋，可以不甘心，可以不将就，但不能留在原点。他离开的背影，不是此生最后的风景。那些快马加鞭的路过，轻而易举的辜负，不知不觉的永别，并不值得你用一生去挽回。

遇见就是福气

　　落花有意，流水无情。多少单相思的故事，大体上都遵循着这样的蓝本——"我喜欢你，这是你不在乎的事。"不过白纸上十几墨字，已是情路上刻骨之殇。

　　爱情是一场互动游戏，单恋常常索然无趣，就连愿意用文字为这样的情感树立碑铭的人都不多见。大概是因为相爱的幸福总有相似，而单恋的滋味却各有不同。总要亲口尝过，才会知道蜂蜜的甜与柠檬的酸；总要徒劳地爱慕过，才知道单恋如一杯蜂蜜柠檬水，酸酸甜甜，复杂难言。

　　众星捧月般的柳七，也有过不能释怀的单恋。他素来被众多美貌多才的女子追捧，任意采撷的都是娇美鲜花，可他偏偏愿意为了一个不会为他回眸的人，如痴如狂。单恋如同自虐，实在令人费解，但若有道理可讲，爱情也就不能称之为爱情了。

　　爱是疯魔的、痴迷的、盲目的，纵使受苦也甘之如饴，纵然无果也沉迷到底。

咫尺凤衾鸳帐，欲去无因到。虾须窣地重门悄。认绣履频移，洞房杳杳。强语笑。逞如簧、再三轻巧。

梳妆早。琵琶闲抱。爱品相思调。声声似把芳心告。隔帘听，赢得断肠多少。怎烦恼。除非共伊知道。

——《隔帘听》

这一阕词是柳七的烦恼，烦到叹息不止，恼却有苦难言。

我们知道有风经过，是听到了山林里的阵阵松涛；我们知道有雨将来，是因为低飞的燕子、搬家的虫蚁；我们知道长夜将尽，是看到了东方的曙光。我们知道了爱的滋味，是见到了那个刚刚好的人——他一出现就俘虏了你的心，恨不得脉搏都与他共振，这才知，原来除了快乐之外，烦恼也是因爱而起。

柳七爱慕的那个女子就近在咫尺，他甚至已经到了她的闺房门外。想来她应当是一位风尘中人，否则柳七又怎么可能如此靠近她那凤衾鸳帐的房间？多数人对青楼女子不过逢场作戏，甚至轻薄调戏，如柳七这样珍视到不敢表白，实在少见。

他多希望她此刻打开房门，然后不期然与自己"偶遇"。多少情事，从一次偶遇开始，然后因一次又一次的偶遇碰撞出爱的火花，直至星火燎遍心原，这种桥段古今不变。可探究背后才知，那多到让人禁不住信了命运缘分的偶遇，十之八九都是刻意的安排。这刻意是风月里的小小心计，因为充满爱意与期待而显得可爱起来。

左等右等，机缘仍旧不至。重门深深，长长的门帘穗子拂过地面时簌簌作响，本是再微小不过的声音，也能在柳七心头掀起巨浪，太过期待，才紧张，才重视，才患得患失。透过垂帘与地面之间的缝隙，偶尔可见一双绣鞋缓缓移过，肯定是她正在房间里走来走去！此刻，词人多么想能与她并肩而立，看她花颜听她笑语，但一道房门就已经将他阻隔，何况是那更加难以叩开的心门。

　　揣着一厢情愿的爱意，便是才华横溢、"表里都峭"的柳七也不知如何是好。他自知感情的付出不是真心就会有结果，不敢进，舍不得退，不忍放弃，又不能取代。吞了苦果还不想言苦，在旁人面前，他仍然强颜欢笑，施展着巧舌如簧的本领说东道西，谈天论地。可假装不在意，就能获得真正的轻松吗？不过是给将要窒息的心再裹上一层外衣，于是更难呼吸，痛苦更甚。

　　轻巧的面容背后，是沉甸甸的心情。这就是爱吧，一个人随口说出的话，自然流露的表情，对另一个人来说就是一座山、一条河，他都将以生命来扛、来蹚。最华丽的冒险，必与相爱的人一起，刀山火海也义无反顾，自己去闯的话，虽惊险刺激，但到底失了浪漫。

　　柳七对这女子倾心已非一朝一夕的事。在日复一日的注目里，他知她每天清晨一番精心梳妆后，必会先抱起琵琶，轻拢慢捻抹复挑，最爱弹奏的是饱含相思情意的曲调。无关紧要的人，纵然发生惊天动地的大事也可以忽略不计；放在心头的人，再细枝末节的讯息，也可以让人或眉飞色舞或胆战心惊。明明她只是信手弹曲，但在词人听来，她仿佛在以曲传情，"似把芳心告"。

爱上一个人，自然希望对方也回馈以爱。柳七多么希望她琵琶曲里的款款相思，都是在说给自己听的——这真是一场让人不愿醒来的美梦！隔帘听曲，只落得惊心动魄又黯然神伤，要怎样才能终止这意乱心烦，恐怕唯有让她知道自己的心事了！或许言辞忐忑，对白蹩脚，但表白的场景已在头脑中反反复复温习，只差了一点勇气。

单恋与暗恋不同，大抵总有按捺不住的一天。沉淀多日的心情如潮水奔流，汹涌的情绪简直灭顶。说来道去不过一个"爱"字，看似简单却比想象复杂。他那沉重如山的爱意，在她眼里轻若不存在；他久日藏在心里的秘密，于她仿佛一个普通的招呼。单恋本就是独角戏，难免遗憾收场，不欢而散，无疾而终。

才子风流受了致命打击，但他除了些俏皮的嗔怨，流露更多的却是令人措手不及的痴念。

有个人人真堪羡。问着洋洋回却面。你若无意向他人，为甚梦中频相见。

不如闻早还却愿。免使牵人虚魂乱。风流肠肚不坚牢，只恐被伊牵惹断。

——《木兰花令》

词人遇到她时极尽讨好恭维，一副亲热模样，佳人却回过头去，佯装不相识，没有给他丝毫回应。"洋洋"同于"佯佯"，挑明了两个人是认识的，甚至柳七已经向她表白过心意。可她这不理不睬的态度，到底是因为娇羞矜持还是根本就没把他放在心上呢？陷入痴恋的柳七，一厢情愿地认为对方对自己是有情意的，于是怨道："你若无意向他人，为甚梦中频相见。"你如果对我无意，又为何一而再，再而三地闯入我的梦中呢？这真是无理之怨了！明明是他痴恋对方，日有所思夜有所梦，才会频频在梦中与对方相会，此时倒说是对方莽莽撞撞地闯进了自己的梦里。

为爱痴傻，不免有些异于常人的念头，或是做出些惊人举动。《木兰花令》中的柳七就是如此，无理且无礼，却贵在痴傻狂热。他认定了佳人对自己有意，更加殷切焦急，期待对方早日偿还自己付出的深情，免得让自己继续魂不守舍。世上最难还清的便是"情"债，世俗人情，亲情友情，还有更错综复杂的爱情，岂是能等价度量之物，聪明多才如柳七，此时竟然连这寻常道理都不懂了。情的魔力，实在小觑不得。

魂牵梦系却得不到她的回应，词人非常痛苦。他说："请不要继续对我如此冷漠，我天性风流又是软心肠，再不能承受更多的折磨。倘若你仍旧沉默冰冷，只怕一直为你牵肠挂肚的我将要被折磨得肝肠寸断了。"似是哀求又似威胁，也是他无计可施时最后的挣扎。

情场中总有精明的人，精打细算，一字一句都是心机，一招一式都如诱饵，不过无伤大雅，反正上钩的都是愿者。还有便是如单恋时的柳七，深情至痴，便没了心神去思量哪一句话会唐突佳人，又有什么举动会显得莽撞冒失。

这一场才子的相思风月到底做了怎样的结局，已经无人能够续写。缘深缘浅，情短情长，光怪陆离的世间，喜剧和悲剧总是同时上演的，就像一个人与另一个人相逢的同时，必然也和更多的人擦肩而过。世界这么大，谁遇到谁都是缘分，能让人倾心付出一段感情，更是难得。很可能最让人残念的，总是未完成的和未得到的，追寻路上尝到的千滋百味，就是遗憾开出的花朵。

我喜欢你，可能是你不在乎的事；但茫茫人海中遇到你，已经是福气。我们每个人，都是别人的福气。

第四章

堪叹浮生如一梦

今宵酒醒何处

　　自从暂把一颗功名心锁藏到连他自己也不会轻易想起的角落，柳七的生活看上去陡然轻松了很多。笔墨花笺纵情挥洒，秦楼楚馆任意闲游，生活不可谓不快意，连之前捉襟见肘的拮据生活也有了改观。宋人罗烨在《醉翁谈录》中说："耆卿居京华，暇日遍游妓馆，所至，妓者爱其词名，能移宫换羽；一经品题，声价十倍。妓者多以金物资给之。"

　　沉醉在奢靡与安逸的生活里，未尝不是获得幸福的一种方式，可他还是不快乐。像是日晷上的晷针，不停移动自己的影子，一边在熏暖的日光里舒服到恨不能安睡百年，一边看着时光流逝却只能发出无能为力的感叹。虽然纵情放浪的生活的确是柳七想要的，可终归只是他理想生活的一部分。生活关上一扇门，打开一扇窗。窗外的风景让柳七如醉如痴，但他还是很想推开那扇紧闭的门。百般尝试而无果，索性，连窗外熟悉的风光也不能将他挽留。

1024 年的秋天，天气还算不上多么寒冷，可柳七的心一直冰凉到凛冽。从春闱放榜再次落第的消息传来，他的心仿佛就在深秋的寒潭里搁了浅，偶尔被或温婉或热情的女子打捞上来，熨帖出一股撩人的暖意，可终是不能长久保温，待他一人独处时，还是会有冰冷的潭水没顶。

　　偌大的汴京城里，不时有骑着高头大马的武将威风凛凛地行走在街上，还有文官坐着八抬大轿大摇大摆地在闹市中顺利穿行。似乎遍地都是机遇，抬头就可见青云，他在这京城停留了这么久，还是个可随时抬腿就走的浪子。遥望着夕阳下金碧辉煌、气势磅礴的宫殿，柳七的伤心浓成一团墨色，拉下夜的黑幕，似乎可以将所有让他伤心的风景一并吞没。然而夜幕终究是要退的，黎明还是要来的，如果不想在新的一天继续触景伤情，要么死心，要么逃离。

　　对柳七来说，此时最让他尴尬的，一是不能对功名死心，二是不能对词名死心塌地。他一直都有功名与词名兼得的梦想，可左看右看，汴京都不是实现梦想的温床，他终于决定离开，去四处漫游。

　　离开意味着崭新的开始，还有对旧日的告别，他要向伤心地挥手，同旧时光再见，最说不出口的"后会有期"四个字，往往是对至亲至爱之人。

　　寒蝉唱响了挽留的悲歌，一声比一声凄切，也不知它那撕心裂肺的哀鸣，究竟是为了挽留夏日的最后温暖，还是为了让已经背上行囊的词人停下离开的脚步。长亭外，古道边，总是伤心处，柳七回首望一望轮廓模糊的京城，然后若无其事地打量着秋日的风物，刚刚下过雨，触目所及只觉萧瑟。一场秋雨一场凉，更何况被离愁笼罩的人，此时此刻心比秋雨凉。

在京郊长亭设宴，珍馐满盘，美酒飘香，本应歌酒言欢，好好道一声"珍重"，无奈离别在即，食不知味。他甚至不敢抬头，怕与那一双深情款款的眼眸相对，怕因那眼神里的不舍而真的继续停驻，可是，又怎么真能狠下心来转身就走？船夫已在小舟上催促启程了，本故作镇定的他顿时一番心慌悸动，忙拉住对方的手，想最后再说些缠绵的情话，话未出口眼泪先落。原来伤心到了深处，不仅眼泪不听话，连倾诉也力不从心。

不知柳七与这个唯一来送他的女子，是否曾互许过"执子之手，与子偕老"的约定，此时他们握着对方的手，一句话也说不出来，只能无语凝噎。就这样道别吧，从此他赏他的春花秋月，她享她的歌舞笙箫，不必再许归期，谁都心知所谓"归期"常常变成清晰却又最渺茫的日子，不过空耗了一段年华。

遥想离别之后，千里烟波，暮霭沉沉，楚天空阔，实在是一幅浩瀚景观，可词人将孑然一身穿行于这浩渺烟水里，如茫茫云天中孤独无依的沙鸥，又如拣尽寒枝无处可栖的孤鸿。越是壮阔的风景，就越是落了寂寞。

不是文思泉涌按捺不住，实在是因为寂寞时满腹情绪无处表达，于是才有了这首《雨霖铃》传唱千年，依旧动魄惊心。

寒蝉凄切。对长亭晚，骤雨初歇。都门帐饮无绪，留恋处、兰舟催发。执手相看泪眼，竟无语凝噎。念去去、千里烟波，暮霭沉沉楚天阔。

多情自古伤离别，更那堪、冷落清秋节。今宵酒醒何处，杨柳岸、晓风残月。此去经年，应是良辰好景虚设。便纵有千种风情，更与何人说。

——《雨霖铃》

他本多情而敏感，离别时感受到的痛苦自是比薄情者更甚，何况又是在这样一个清冷落寞的秋日离开。枯黄的叶子从枝头坠落，树木虽不舍却无力挽留，聒噪的虫儿悄然隐匿，连风的呢喃与光的细语都不能将它们唤回。这是一个由青绿变得灰黄的时节，所有生机勃勃的、光彩夺目的、温暖柔和的事物，不知不觉变得凛冽而僵硬——唯有多情人柔肠不变，还在为离别痛苦不已。

江上夜色苍茫，扁舟乘夜而行，柳七更是百般寂寥，唯有以酒解忧。待他酒醉清醒已是拂晓时分，被划桨声惊醒的一两只水鸟惊叫着从低空掠过，词人的心事也被唤醒——原来不知不觉间已和她隔了千山万水，也不知在这黎明又至的新的一天，她是不是同样牵挂着自己？情人身影难觅，他的眼前唯有对岸杨柳、晓风残月而已。

刚刚离别,"今宵"就得靠醉酒才能度过,想到此去经年,无数良辰再无人共度,美景再无人共赏,遗憾便排山倒海而来。纵然有万千风月情怀,恐怕也再无人可诉,无人会如她知他心事。

这首《雨霖铃》一向被视为柳七词的代表作,尤其在宋元时期传唱广泛,风靡一时,被列入"宋金十大曲"。宋代俞文豹在《吹剑录》里也记载了一桩轶闻,大文人苏东坡任职于翰林院时,曾向一位善歌的幕僚问道:"我和柳七的词相比,谁的更胜一筹呢?"幕僚并没有一味地溜须拍马,略微思索后坦然作答:"柳郎中词,只合十七八岁女郎,执红牙板,歌'杨柳岸、晓风残月'。学士词须关西大汉、铜琵琶、铁绰板,唱'大江东去'。"幕僚的短短几句话,不仅将东坡学士称赞一番,也恰到好处地点出了柳词和苏词的不同,后来更被视为婉约词与豪放词的分类标准。柳七的《雨霖铃》和苏轼的《念奴娇·赤壁怀古》,各自成为宋代婉约词和豪放词的巅峰之作。

《雨霖铃》之美,固然在于意境、音律等各方面的绝佳造诣,但其中若无动人情意,定然会失了光彩。战国时屈原《九歌》有言:"悲莫悲兮生别离,乐莫乐兮新相知。"生离诚然是最悲伤的事情之一,结识新相知也确实值得欣喜,但在离愁未散、新人未识之前,想忘掉挚爱的旧侣,岂是那么容易的事情。

今宵酒醒何处 柳永词传

这次离开汴京后，柳七漂泊数年，漫游江南，近十年间没有再参加科举。或是对科考心灰意冷，或是疲惫的灵魂终于在辽阔的山水自然中得以休憩。他转山转水，途中不知与多少人相遇，又不知和多少人分离，辗转飘零中的牵肠挂肚之痛，他最懂。

虹收残雨。蝉嘶败柳长堤暮。背都门、动消黯，西风片帆轻举。愁睹。泛画鹢翩翩，灵鼍隐隐下前浦。忍回首、佳人渐远，想高城、隔烟树。

几许。秦楼永昼，谢阁连宵奇遇。算赠笑千金，酬歌百琲，尽成轻负。南顾。念吴邦越国，风烟萧索在何处。独自个、千山万水，指天涯去。

——《引驾行》

漂泊途中，他不时回味起在京城郊外与情人话别时的情景。雨后的彩虹横亘在长堤上，绚烂的色彩更把堤坝上衰败的杨柳反衬得死气沉沉。他黯然登上兰舟，白帆扬起，不论是让他神伤的汴京还是曾给他抚慰的佳人，都渐渐被甩在身后，最终在浩渺烟波中模糊不见。

又忆及与佳人在青楼相识且种下情根的奇遇，更觉今日旅途孤寂。昔日赠笑千金、酬歌百琲的奢靡生活，他说抛下倒也就毅然决然地抛下了，从此一个人款款南行，遥遥望着远方的吴越之地——第一次离开崇安的那个意气风发的年轻人，曾在那里逗留日久，甚至连进京赶考的日子也一再拖延；如今，他在汴京城里受了伤，躲避伤害寻觅救赎时，再一次选择踏上了这片土地，而不是继续策马向南，一头扎进故乡的怀抱。

人与城市的缘分，有时候也是这样莫名。明明无牵无绊，但来来去去，竟然也歪打正着成了类似于归宿的所在。不管何时，不论何地，天涯海角踽踽而行时，旧日的喜怒哀乐如同剪下的烛光，将暗夜照亮。

风流都成往事

日光追逐着明月，夜幕驱赶着黄昏，于是月滚着月，年滚着年，疾驰而过的时光化作参天古木的年轮，疏疏密密，铭刻下春花秋月和清露寒雪的记忆。四季里秋天极惹人伤怀，一天中黄昏又易触发愁绪——在这样一个秋意萧索的傍晚，柳七来到了苏州，漫游之路有了一个短暂的停顿。他从汴京出发，乘着一叶扁舟沿汴河东下直至江淮一带，然后转而向南，距离曾令年轻的他一再流连的江南水乡越来越近。

自然有荣枯，万物有兴衰，江南的四季轮回也从未停止过。可是，人却有一双善于发现又善于忽略的眼睛，常常只会看到那些与自己的心灵同样色彩的东西。年轻时的柳七斗志昂扬，像春雨后拔节的笋、夏日燃烧的莲，他眼里的江南自然只有鲜艳色彩，仿佛唐代诗人白居易于两百多年前在《忆江南》中写下的诗句："日出江花红胜火，春来江水绿如蓝。"可是，一旦精神的黄昏贸然闯入生命，正值壮年的心也会陡然苍老，视线中只有秋天的枯黄颓败，哪还看得到收获时的金黄色彩？

在越来越浓烈的黄昏里，江面上白茫茫的雾气渐渐看不到了，几缕流云悄然入山，三两只倦鸟驮着最后的日色也将归巢。在这个空气里都弥漫着萧索味道的傍晚，身如飞絮、命似转蓬的柳七，来到了遍地都有旧事踪迹的苏州。

晚天萧索，断蓬踪迹，乘兴兰棹东游。三吴风景，姑苏台榭，牢落暮霭初收。夫差旧国，香径没、徒有荒丘。繁华处，悄无睹，唯闻麋鹿呦呦。

想当年、空运筹决战，图王取霸无休。江山如画，云涛烟浪，翻输范蠡扁舟。验前经旧史，嗟漫载、当日风流。斜阳暮草茫茫，尽成万古遗愁。

——《双声子》

这是座有太多故事的城市。脚下的每一块青砖，屋檐上的每一块碧瓦，还有旧城墙墙角处斑驳的苔藓，护城河里波荡的水纹，都承载着历史上一些感天动地或石破天惊的旧事。硝烟战火、帝王美人、爱恨情仇，每一座有故事的城市都少不了这些因素，让行走其中的路人也每每滞留了脚步。

千年风吹雨打，吴地风景一如往昔，姑苏台榭也并未变太大模样，在寥落的暮霭中见证岁月悲欢。等云到，盼花开，待雁来，不论前人、今人、来者，无不盼着朝气蓬勃的景象，盼星河璀璨，盼阳光温暖。可星河是缀在夜空上的，阳光也有晒不到的地方，枯荣并存，盛衰相继，黯淡的时光常常与灿烂的年华一样长久，古来如此，人生如此。当心绪被这样如蛛丝一样粘连不去的观念羁缚时，柳七却无心继续感叹"断蓬"身世，心胸反而也豁然开阔起来，漫游于历史洪荒之中。

苏州本是春秋末期吴国的都城所在，在吴王夫差治下，吴国的极盛与极衰一起演绎。他的父亲吴王阖闾出兵攻打越国，败于勾践，重伤而归。临终前他嘱咐夫差，一要兴盛国家，二要为父报仇。于是，从继位第一天，夫差就背上了国仇家恨的重担。他励精图治，历兵秣马，终于大败越国，勾践亲来求和，并臣事吴王，后来才被赦归返越国。吴国的盛与越国的衰是相对应的，又不过几年时光，这番光景就做了颠倒。后来，勾践卧薪尝胆，夫差奢靡无度，终于，公元前473年，勾践灭吴，夫差自缢。

可见胜与败都不是永恒的，囚徒与帝王之间，也并不是牢狱与龙椅的距离。历史的机缘，意志的强弱，谋事与成事间的种种机缘巧合，都可能是一个改变的契机，一人、一家、一国，都在命运的渡轮上浮浮沉沉，谁也不知道下一个浪头会何时袭来。想旧日里，夫差为博美人欢心在灵岩山西南的香山上广植香草时，定然没想到这在当时名声大噪的采香径会在岁月飞尘中变成一座荒丘。

采香径上的香草已经枯败，糜烂成了黄土一抔，赏花采花的佳人，赏佳人会佳人的君王，君王的宫殿、山河，都成了卷帙浩繁的史书里的零星痕迹。吴国已是历史，苏州依然繁华，它不再是国都，无须再担负沉重的政治与军事枷锁，于是焕发出了更加洒脱而奔放的魅力。可是终归还有人记得它昔日的光荣与屈辱，动情时，仿佛能听见原野上传来的呦呦鹿鸣，如同在诉说那些已无波无澜的陈年旧事。

人在城中自然听不到鹿鸣，就算此时苏州已不及夫差国力最强时富饶，也绝不会如麋鹿出没的草野那样荒凉破败。柳七这一番夸张描述，大抵是沉沦的心态使然，另外还含蓄地表达了贯穿他生命始终的政治向往。

"呦呦鹿鸣"本出自《诗经·小雅·鹿鸣》："呦呦鹿鸣，食野之苹。我有嘉宾，鼓瑟吹笙。"这首诗写的是宾主宴饮之乐，主人宴客，嘉宾满堂，主人拿出百分的热情相待，宾客回报以百分的感谢，双方都真诚热忱，这一番热烈而融洽的景象只能用诗中"鼓瑟鼓琴，和乐且湛"的句子来形容。到了后来，三国时期的曹操又把"呦呦鹿鸣，食野之苹。我有嘉宾，鼓瑟吹笙"四句一字不差地移入他的乐府诗《短歌行》，表达求贤若渴之心。

可叹满腹才华如柳七，却没遇到一位赏识他的君主。

面对历史的演变，个人的失意终归太过渺小。所以，在短暂失落之后，词人还是把视角放在了更为广阔之处。他想到了那些在正史、野史以及百姓的代代相传中觅得的蛛丝马迹——吴王夫差并非从开始就是个昏君。他不像周幽王姬宫湼，即位之初的暴虐行径就预兆着一个朝代的陨落，夫差是背负着仇恨、责任和野心而成为吴国的主人的。他也曾运筹帷幄，图王谋霸，甚至一度出兵伐齐，并在公元前 482 年于黄池大会诸侯，试图与晋国争霸。夫差不是能力不足，也不是缺少机遇，只是种种机缘巧合、阴差阳错，他最终成了失败者，成为反面教材，屡屡被后人拿来衬托勾践这个忍辱负重、逆境而起的大英雄。

霸业未起已成空，硝烟战火、歌舞欢娱，都如悬在亭台画阁上的最后一抹残阳，眨眼工夫就从视野里消失不见了。无限江山如画，云卷浪涌有气吞万里的势头，但这一切也转瞬间就易主他人，本属于夫差的连绵沃土，最后都被勾践踩在了脚下，有着"图王取霸"之心的夫差，怎么会想到自己竟然败给了乘一叶扁舟荡遍江湖的谋士范蠡！"翻输范蠡扁舟"中所谓"翻"字，既有翻天覆地的惊人势头，又有成败顺逆转眼之间的陡然变幻，令人不胜唏嘘。

越国的谋士范蠡在吴越之战中发挥的作用不容小觑，他本出身贫寒，年轻时"佯狂、倜傥、负俗"，倒和柳七年轻时颇有几分神似。后来范蠡到越国出仕，为勾践出谋划策，在越国灭吴的过程中立下了汗马功劳。正当人人都为他的功绩感叹时，他却急流勇退，辞官归隐，自号陶朱公，泛一叶扁舟五湖遨游，从此不问政事，安心从商，并多次散尽家财又重新成为巨贾，可谓中国儒商的鼻祖。

"忠以为国，智以保身，商以致富，成名天下。"这是后世人对范蠡的赞誉。如此人生已可谓完美，谁能不艳羡，为他喝一声彩呢？与这样精彩的成功相比，夫差由盛转衰的命运就更惹人神伤了。柳七想前事，究往来，也只能徒然长叹——所有光彩夺目和黯淡无光的过往，或占尽风流，或衰微沮丧，都不过化作前经旧史中或浓墨重彩或轻描淡写的一笔，又有何可骄傲或落寞的呢？

当时风流都成往事，斜阳映着暮草，黄昏掩饰了枯败，逝去的时光，还有逝去光阴里的故事，都无须强求挽留。

那些惹起感伤情绪的旧事，常常和黄昏有着一样的色彩，或许并不是特别容易就被注意到，但一经触碰，就会有无边暮色延展开去，只剩下朦胧的夜幕，又像迷迷糊糊中做的一场梦，不知是真是幻，不知何时睡去，也不知何时醒来，只觉得仿佛有羽毛掠过心尖，瞬间心动，触发怀古之思。

既到了苏州，又想到了吴越之战，想到了夫差和勾践之间的国恨家仇，柳七自然不可避免地还会想到另一个重要人物——西施。

吴越争霸的结局：吴国灭亡，夫差自尽，那西施最后落了怎样的下场呢？有人说她随范蠡泛舟太湖，最终隐遁——这大概是心软的后人一厢情愿的幻想，因为不忍心看到美好的事物被摧毁，于是编造出美好的故事来取悦自己，也欺骗自己。

更普遍的说法是西施最后被沉江而死，若这才是历史的真相，西施身上的悲剧意味就更重了，可怕的不是死亡本身，而是死于越人之手。把她视若珍宝捧在手心的夫差，虽不能说是因她而死，但她也必然负有责任；她用青春、信仰和生命来效忠的，则终于将她抛弃。

苎萝妖艳世难偕。善媚悦君怀。后庭恃宠，尽使绝嫌猜。正恁朝欢暮宴，情未足，早江上兵来。

捧心调态军前死，罗绮旋变尘埃。至今想，怨魂无主尚徘徊。夜夜姑苏城外，当时月，但空照荒台。

——《西施》

柳七为西施写成的这首挽歌，叹的是自古红颜多薄命的共同命运。

苎萝的山水秀丽，却不及这秀丽山水养出的女子更妩媚动人。传说西施在河边浣纱时，水中鱼儿见到美如仙子的她，竟然忘记了游泳，以至于沉落水底。正因为这个典故，西施才被称有沉鱼之姿。倘若她从此一生都与这青山绿水、浮云游鱼为伴，人生固然单调，但未尝不是一种幸福。可是，那"妖艳世难偕"的容貌也注定了她无法获得平静的人生，一朝被卷入政治与权力的斗争，从此在风云诡谲的时代里，她只能是一颗棋子。

所谓棋子，自是用时取之，无用时弃之。对如此命运的西施，柳七自然是同情的，但他并没有在词的上阕就把这种情绪流露出来。在他看来，西施刚入吴国宫廷，如一尾锦鲤搅扰起一池涟漪时，未尝没有短暂的得意。

她是背负着使命进入吴国宫廷的，自然要使出浑身解数取悦夫差，"善媚悦君怀"，终于能"后庭恃宠"，并且宫廷上下再没有人敢对她这从敌国来的女子心存怀疑。吴王对她的宠爱又到了什么程度呢？自从她进了后宫，吴王终日沉湎美色，朝欢暮宴。若只是个后宫争宠的戏码，倒也会单纯很多，可"早江上兵来"一句一出，一切歌舞升平的假象全被打破了。

吴国一败，夫差一死，西施的任务也算完成了，她这颗棋子也再无用处。论功封赏自然不敢奢望，连全身而退尚且不能实现！美人最终被沉江而死，西子捧心的妖媚风情从此再也不见。她的一缕芳魂无处安息，久日以来无主徘徊——魂留吴国吗？也不知她心中对夫差是否有悔有愧。魂归故国吗？对越国，她未必不是已经心灰意冷。

生时不能还乡，死后也不能归国。花容已去，罗绮成尘，心字成灰。从此芳魂无所牵系没有依托，只夜夜在姑苏城外徘徊。月色依旧，清亮的月光照耀着姑苏台，昔日夫差携西施游览至此，何等喧哗热闹，此时也不过是一座寂寞的荒台罢了。

柳七写了西施的妖艳和专宠，也写了她的无辜与可怜。在两个国家生死相搏的浩大舞台上，她一个纤弱女子却扮演着举足轻重的角色。输赢已定，生死已定，荣辱已定，唯有不定的功与过，任由后人翻来覆去地评说。

千年有人为她吟诗谱曲、著文作画，满满的都是愁绪和哀思，这其中自然少不了柳七这一曲痴念。同情也好，可怜也罢，对骨已枯、魂已散的古人来说，全是枉然，不过是后世文人聊解心愁罢了。

千里传书寄情

在尊崇"女子无才便是德"的年代,笔墨纸砚上的功夫似乎本来与女子无关。女子缺少话语权,朝堂、战场、书院都是男人的,女子只要精厨艺、善女红就好,即使一无所长,但生了一副花容月貌,安安稳稳做个花瓶也是不错的选择。女子识了字、读了书,有了学问,就难免会有些个人的想法,难免会惹出些在男人看来是麻烦的"事端",所以历史上能文能诗能词的女子,总是稀少而独特的。

但凡在历史上留下"才女"之名的女子,大抵不外乎两类:其一是名门淑媛,比如蔡文姬、上官婉儿、李清照等,她们拥有良好的家学背景,书香门第的文学熏陶让她们天生就比其他女子更靠近琴棋书画、诗词歌赋,其后精彩与坎坷并存的人生经历又给了她们独特的生活体验,丰富了她们的文学创作;另一类则是以薛涛、柳如是、董小宛为代表的风尘女子,她们因各种各样的原因堕入乐籍,误入风尘,或是天生就有玲珑心窍、多才文思，或是为了生存才学会各种本事，在不知不觉间成了多才多艺的人。

稀少而独特，听上去仿佛高居云端，难以触碰，可沦落风尘的女子，明明又坠落到了社会的最底层，这种矛盾与反差，往往更是诱人。柳七结识的众多青楼女子个个能歌善舞，但能诗善词的好像并不多，所以阅遍柳词，少见柳七称赞她们的才学，唯有一个叫瑶卿的歌女显得有些不同。柳七漫游江南期间，远在汴京的瑶卿曾给他寄来书简，其中附有小诗一首，令柳七读后久久难忘。

有美瑶卿能染翰。千里寄、小诗长简。想初襞苔笺，旋挥翠管红窗畔。渐玉箸、银钩满。

锦囊收，犀轴卷。常珍重、小斋吟玩。更宝若珠玑，置之怀袖时时看。似频见、千娇面。

——《凤衔杯》

独自漂泊在旅途中的人，身体和心灵是自由的，却难免觉得孤寂。往日他身边总是围绕着莺莺燕燕，喧哗热闹中虽然也免不了灵魂无依的痛苦，但终归有那么多人与事，还有那么多爱与恨，会填满心灵的空虚。一旦走上漂泊的路，就连从耳边拂过的风都是陌生的，暖黄的曙光与绚烂的朝霞都不能带来安慰，唯有穿云破月而来的鸿雁所捎带的书信，才能给这苦寒之路添三分暖意。

《诗经》中有这样的句子："野有蔓草；零露漙兮。有美一人，清扬婉兮。邂逅相遇，适我愿兮。"一个人在蔓草青青、缀满露珠的郊野，遇到了一位美丽的姑娘，她清扬婉兮，顾盼生情，令人一见倾心，生出携手同行的期盼。

在异乡的柳七没有这种艳遇，但是"有美"瑶卿，特意从千里之外遥寄小诗长简，慰藉他孤独的灵魂。柳七对瑶卿的评价，除了并不会让人过于惊艳的"美"字，"能染翰"三字一出，立刻也让她的形象显得特别起来。"染翰"即沾染翰墨之意，意味着这个女子能赋诗著文，并且，她能得到柳七夸赞，想来其诗词造诣应当也是不错的，遗憾的是她的诗没能流传下来。至于诗中内容，柳七也未多说，他只是在脑海中认真描摹，投入地想象着瑶卿给他写信时的模样。

那当是一个温柔而宁静的夜晚，明月高悬中天，月光仿佛也充满了柔情。月越明，夜越亮，思念越是无处藏身。室内亮着昏黄的烛光，瑶卿双手托腮坐在窗前，也不知在想些什么，任由她的影子被摇曳的烛光映在窗上。光是有形的，所有事物的影子都是它的形状；思念也不是无形的，那些落在纸上的墨、吟在唇间的诗、噙在眼眸的泪，都是思念的形状。她铺开精致的苔笺，纤纤玉指握着以翠羽装饰的毛笔，开始写信。窗外一帘和风，一捧圆月，室内烛光摇曳，满砚相思。篆体也好，草书也罢，龙飞凤舞落在纸上，无非一个"情"字。

她的信写得用情，词人则读得珍重。虽是只言片语，但柳七自知其中有万千心事，一横一竖、一撇一捺，每一笔字迹又何尝不是心迹。读罢诗篇，他又把这薄薄的诗简用犀角卷轴卷好，妥善收藏在精致的锦囊里，当作宝物用心珍藏，但又不时会拿出来吟赏把玩，甚至"置之怀袖时时看"，看见那娟秀小字，仿佛美人千娇百媚的面容就在眼前。

瑶卿握管走笔，行云流水般铺陈情意；柳七贴身携带，揣在袖里，捂在怀中，唯恐怠慢了她的深情。一个身在花街柳巷，一个是浪迹天涯，却拥有这样互相爱慕又互相珍视的感情，并无买笑贪欢的世俗味道。对这位通晓丹青翰墨的女子，柳七不仅还之以情，还给予了欣赏和尊重。

这一阕《凤衔杯》里，瑶卿的诗简是最重要的道具，万般情意由它传递，千种感慨因它而起。在那交通不便的年代，山长水远、天南海北的距离，实在不像如今一样容易跨越，见不到面容，听不到声音，不论痴情还是恨意，唯有书信才能寄达。鸿雁传书，青鸟探看，鱼传尺素，不知将多少痴儿怨女的痴怨传递到对方手里，或成就一桩花好月圆的佳话，或了却一段如同鸡肋的孽缘。

悲莫悲兮生别离，当重逢难期，一封书信已足够让人惊喜。想来，那铺纸、研墨、蘸笔、手书、封缄的过程里，浓情犹如越陈越香的美酒，收信者一启封就不由得醉了。既然韶光的流转、至亲的分离、跨越不了的距离都是不可避免的，那不妨在漫长的路途中，以这千里外而来的素笺小字为伴。素笺掷笔处，相思成行，孤独也就不再是那么可怕的东西了。

追悔当初孤深愿。经年价、两成幽怨。任越水吴山，似屏如障堪游玩。奈独自、慵抬眼。

赏烟花，听弦管。图欢笑、转加肠断。更时展丹青，强拈书信频频看。又争似、亲相见。

——《凤衔杯》

柳七在路上，看纷纭阡陌客往来田野，忙忙碌碌，又看白发垂髫向着炊烟袅袅的村庄而去，舟上渔夫，林中樵子，溪边浣女，各有各的归宿，不像人在客中的柳七，如风中落叶、水里浮萍，不知何时停留，也不知何处停靠。此时此刻，万千滋味莫若"悔"字更摧人心肝。

悔的是，不该轻易离开，一意孤行地走上这孤独的旅程，不但自己坠入寂寞的深渊，连对方的一往情深也轻易辜负。经年光景飞逝，纵然一种相思两处闲愁，身在异地的两人彼此牵肠挂肚，可是终难见面，最终也不过是"两成幽怨"。吴越之地的山山水水不是不美，青山如黛，碧水若绸，草木成画屏，流云作步障，正是游览玩赏的好地方。但有时候，有些风景，必须两个人一起欣赏才能领略其美好所在。风景不是最重要的，若陪在身边的恰好是中意的人，便是阴雨绵绵里，内心也有千阳灿烂。没有人陪他看风景，即使美景如画如诗如歌，柳七也懒得抬眼去看，且不如，继续踏上征程，让孤独占满孤独，让寂寞填充寂寞。

江南处处是风流，这娇艳缠绵的风月江南，怎么会任由一代才子就这样寂寞路过。烟花巷里管弦呕哑，声声入耳，如大珠小珠滚落玉盘；章台路上如云美女，个个面如芙蓉眉如柳。穿行买笑，也盼着清脆悦耳的弦管能驱散心头的阴霾，可挣扎再三，空虚的快乐散后更觉断肠之苦。独在异乡的寂寞，唯有故人能抚慰一二；相思的惆怅和忧伤，除了故人谁还能解分毫？便在这种时候，故人的丹青妙笔、远来的信笺书简，才是及时雨。可是，时展丹青，频看书信，只能慰藉一时，终于还是勾连出更沉重的心事："又争似、亲相见。"

所谓"见字如面"，其实是无法相见时自我宽慰并宽慰对方的无奈之语。阅丹青翰墨，知万千心事，又能如何，终不如能两两相望，拥她入怀。

空恨岁晚难归

　　流浪是一种与生俱来的冲动，并非轻狂少年才有的情怀。或是为了逃避眼前的痛苦，或是为了充盈空虚的生命，或许仅仅是好奇异乡的风景，或许只是为了圆一个流浪的梦，就这样轻易告别，决绝出发，从此山长水远，归期无定。流水淙淙，舟楫不停，马蹄笃笃，尘土飞扬，这是一条漫长的漂泊之路，除非流浪的心愿熄灭，否则这条路将很难走到尽头。

　　柳七缘何滞留在了异乡的风景里呢？仕途不济的痛苦，未必比独自漂泊更苦；被文人相轻和被权贵嘲讽的辛酸，也不见得就比衣食冷暖无人问津更令人苦恼。可他还是挥一挥手，就把向往了数年的汴京甩在了身后。无数年轻士子和白发书生仍然越千山过万水，只为闯入这象征权力与富贵的圣地，柳七则逆向而行，将自己放逐到汴京以外。

　　没有人能阻挡风的去向，也没有人能遮蔽漫天的阳光，更没有人能阻拦一颗随风而去、向光而行的心。热爱流浪的人，从根本上来说，他们行走的动力是对生命的热爱，想把这份滚烫的情怀释放给郊野的草木、路边的花簇、潭里的游鱼、远方的雾霭，甚至到了空荡荡的山谷，也会留下悠远的回音与这寂寞的山谷为伴。心灰意冷固然不可掩饰，但只是针对仕途而言，纵使岁月将青丝染白，皱纹爬上了眼角眉梢，柳七的心里依然停驻着那个因"三秋桂子，十里荷花"而醉倒的少年。他浪迹漂泊，虽孤独凄苦，依然执迷于南国风光。途经他乡风景的盛放与凋零，虽是个旁观的路人，也可有千滋百味的体会，或喜或悲，都是生命的馈赠。

冻云黯淡天气，扁舟一叶，乘兴离江渚。渡万壑千岩，越溪深处。怒涛渐息，樵风乍起，更闻商旅相呼。片帆高举，泛画鹢、翩翩过南浦。

望中酒旆闪闪，一簇烟村，数行霜树。残日下，渔人鸣榔归去。败荷零落，衰杨掩映。岸边两两三三，浣纱游女。避行客、含羞笑相语。

到此因念，绣阁轻抛，浪萍难驻。叹后约、丁宁竟何据。惨离怀，空恨岁晚归期阻。凝泪眼、杳杳神京路。断鸿声远长天暮。

——《夜半乐》

舟行数日，时走时停。天寒岁暮，绝非出行的好时机，又有聚拢在天际的阴云预兆着马上将至的风雪，黯淡天光相阻，还是散不去词人正浓的游兴。孤舟行走在茫茫江上，就像漂浮在浩瀚水面上的一枚落叶，形单影只固然可怜，却也别有一种坚强凛然的气概。扁舟离岸远行，渡过万壑千岩，绕开礁石险滩，终于来到绍兴的若耶山下。"越溪"也叫若耶溪，传说西施曾经在这条溪边浣纱，因此又叫浣纱溪。佳人芳踪已消失在历史洪荒里，途经此地的后人也只能留下一声叹息作为哀悼。

冻云欲雪，水深路遥，还有重重山峦幽壑相阻，即便如此他依然扬帆奋进，眼前一番景象倒也没有辜负了他的兴致：怒涛渐息，樵风乍起，江上往来的商贾旅客相呼相闻，坎坷的旅途陡然变得平顺，寂寥的行程添了三分生机。黯淡冻云似乎也被这惬意景象驱散了，词人心情更是畅快，船帆也顺风鼓涨，船只犹如鸟雀一样轻快地驶过了南浦。

离江渚过南浦，行程中难免有千般艰辛万般不易，柳七没有多提，反而是他那饱满的兴致、高涨的气势一再呼之欲出，足见"乘兴"二字实在不假。既然已在路上，就不妨纵情享受沿途风光，即便灰暗甚于光亮，艰辛多过惬意，只要有一颗懂得欣赏的心，这一路就总会有所收获。

柳七一路行去，渐行渐缓，他翩翩立于舟上，闯入眼帘的一簇烟村让人心旷神怡。水乡之地少不了迷迷蒙蒙的水雾缭绕，一座傍水的小小村落朦胧绰约，引人神往。村落中当有座酒馆，虽不见屋舍，但迎风招展的酒旗已出卖了它的位置，吸引着江上行客停舟靠岸，在异乡小酌几杯，寻三分停留的温暖。

一面在微风中闪闪飘动的酒旗，对流浪者来说也是巨大的诱惑。温酒一杯，除了驱散岁暮天寒，还能驱散旅途的寂寞。对走南闯北的人来说，在每一处驿站的停留固然是为了休息，也是为了寻得可谈笑风生、一话家常的人，即便只是店中人、邻座客，也能成为温暖的来源。此时，柳七之前饱涨的游兴已渐渐冷却，又生出了一番淡淡的温馨。在这平和而安详的氛围里，水面夕阳低垂，光照趋暗，渔人鸣榔离去，已是日暮归家时分，不知一簇烟村里哪一束闪烁的烛光是在守候他的归来。

悠远的鱼榔声在辽阔的江面上久久回荡，掠过浅滩处的枯败残荷，掠过岸边的衰败杨柳，不知将飘荡到多么遥远的地方。败荷零落，衰杨掩映，原本催人神伤，但在柳七眼中它们不过是陪衬，愈发衬托出岸边浣纱少女的青春活力。她们三三两两结伴还家，路遇过路的行人时，慌忙躲避，却又含羞窃窃耳语，不知是在羞怯地讨论这路人少年的模样，还是想起了自己那漂泊异乡的情郎。

这首《夜半乐》是柳七羁旅词中的扛鼎之作，也是宋词长调里的佼佼者。既然是羁旅词的典范，必是情景并丰的佳作，柳七在上、中两阕把途中所经所见描摹得历历如绘，有开有阖，然后把深厚的情感留到了下阕。羁旅词中最常见的情怀，一是望月而生的乡愁，一是迎风而起的相思。乡愁迭生，大抵都是伴着泪的，相思的滋味却丰富很多，有苦还有甜，有泪也有笑。

男女相思历来是古典诗词中常写常新的题材，但无论在柳永之前的以温庭筠、冯延巳、韦庄为代表的花间词人，还是与柳永同时期的晏几道、欧阳修，写这一题材时都习惯以女子口吻表达离愁别绪，主人公的行迹不出闺阁庭院，无外乎见花谢而思君，见月升又念郎，盼他归，怨他不归，爱与怨杂糅作一团，犹如乱麻。柳七则不同，柳词中写女子相思的篇目也不在少数，但多是代女子立言，表达对负心者、寡情人的怨愤。许是出于真性情，许是发自内心对相交女子的尊重与爱惜，柳七从不羞于表达自己对远方佳人的爱慕与思念。

流浪者是以梦为马、御风而行的，没有明确的目的地，也没有确定的归期。当他在天涯海角成全着自己漂泊的执念时，只苦了那执着等候他归来的人，日复一日做着久别重逢的梦，醒来却知久别不假，重逢不定。

柳七在看到含羞躲闪的浣纱少女的一刹那，就想起了远在杳杳神京的佳人。他自己沉溺在浪迹萍踪的生活里，酸甜苦辣独自品味也别有味道，享受自由也承受寂寞，所谓"一个人怕孤独，两个人怕辜负"就是如此了。他轻率地离开了绣阁里的佳人，"绣阁轻抛"，像个绝情者一样绝尘而去。可追根究底他非但不是薄情寡义的人，还天生是个多情种。纵使一时狠心离去了，对旧人旧时旧事仍然念念不忘，但既已出走，山山水水、弯弯绕绕的路途，再不会如他手中翰墨一样容易掌控。

一朝转身，回望时烟雾缭绕已不辨来路，更不要奢望隔日就能折回起点，约定的归期就如水中月镜上花，既然不能当真，岂不就是谎言？也不知柳七离开时，究竟是认真许下了归期，还是明知前路坎坷只好做了敷衍，只知他在此时长叹岁晚难归，离怀惨恻，远望着汴京所在的方向，茫茫一片虚无，只有一只离群的鸿雁破空而过，叫声凄厉且悠远，惹人不由洒下两行清泪。

　　日暮天长时，远方的牵挂纵然能温暖他，也能刺痛他。下阕短短几行，内容诚如唐圭璋先生所言："初念抛家漂泊，继叹后约无凭，终恨岁暮不归。"前文铺陈的开阔之笔、温馨情怀一概被打破，他在叹息也是在忏悔，叹他的脚步在流浪，他的心却偶尔又想靠岸，悔当初"绣阁轻抛"，负了深情。

　　叹如何，悔又如何，他已出发。如柳七这样的性情男子，除了放浪形骸的自由，他的肩膀并不想扛起更多，爱上他就须得体谅，体谅他时而任性，时而疯狂，时而亲密，时而远别。

　　爱上这样一个流浪者，总会习惯了寂寞，纵使秋日未结这世界就被霜雪染白，也要倔强地为他保持最后一抹绿意，这条路注定是辛苦的。他在浅山瘦水里流浪漂泊，她在千里之外浅了微笑，瘦了腰身。岁月清浅，依然掷地有声，爱却沉默无言，静候流浪的人归来靠岸。

归来物是人非

　　柳七在苏杭一带游历了很长时间，直到 1029 年左右，他才因漂泊疲困，辗转回到汴京。重新踏上这阔别已久的土地，柳七在某一瞬间恍然也有归家的感觉。他已经四十六岁了，人生大半已去，他在异乡漂泊的时光远远超过了在崇安度过的岁月，其中最重要的光阴多是以汴京为舞台，他爱过恨过想过念过的人也大多生活在这里，所以，不知从何时开始，他和这座城市已经血脉相连。

　　每每离开，兜兜转转，终究还是会回来。久在他乡，他乡也如故乡。当年离开时，飒飒秋意把偌大汴京晕染出了三分凉薄，一去经年，待他此刻归来，汴京正值春暖花开，蜂飞蝶舞好不热闹。

　　花发西园，草薰南陌，韶光明媚，乍晴轻暖清明后。水嬉舟动，禊饮筵开，银塘似染，金堤如绣。是处王孙，几多游妓，往往携纤手。遣离人、对嘉景，触目伤怀，尽成感旧。

别久。帝城当日，兰堂夜烛，百万呼庐，画阁春风，十千
沽酒。未省、宴处能忘管弦，醉里不寻花柳。岂知秦楼，玉箫声
断，前事难重偶。空遗恨，望仙乡，一晌消凝，泪沾襟袖。

——《笛家弄》

清明后谷雨前，正是明媚时节，处处可见娇花嫩柳。西园早
发的花尤其绚烂，向南而去的阡陌两侧，芳草鲜美，连空气中都
飘荡着碧草散发的清新味道。人的心情总是容易受到环境影响，
当年他离开时，汴京骤雨初晴，寒蝉哀鸣凄切，烟波暮霭沉沉，
离别的愁苦像一座沉重的山压着他。归来时，汴京用美好的人间
四月天来迎接他，韶光明媚，乍晴轻暖，令人心胸豁然开朗，又
禁不住要融化在那暖洋洋的空气里。

郊野里、溪流边，到处都是寻春踏青的人。或行走于阡陌间
赏花斗草，或游弋于水上乘船观景。河岸边禊宴已开，踏青的人
饮酒纵欢，载歌载舞，为这生机勃勃的时节又添了几分别样的喧
闹。他此前流连的南方，春景未必比眼前逊色，但混迹在熙熙攘
攘的赏春人群里，却总觉得寂寞，不像此时，他眼中只有鲜亮的
风景，譬如那澄碧如染的池塘、锦绣成团的堤岸，惹得他的心也
随之敞亮了起来。

遗憾的是，这份惬意心境并没有维持太久，当携手同游的王
孙歌妓经过他的身边，看着他们年轻的面容，感受着他们恣意的

幸福，柳七原本昂扬的心态陡然消沉了下去——人是在对比中感受到自己的幸与不幸的，当正值青春的男男女女从柳七身边走过时，连阳光都因青春的朝气在林影间跳跃闪烁，他却看到了自己的衰老；他们锦衣华服、意气风发，他刚刚结束漂泊，潦倒而狼狈，美好的风景突然成了背后的布景，让他的窘迫与不安无处遁形。逝去的光阴追不回来，就像人人都知离别的苦，但长亭外古道边还是一遍遍响起离歌，柳枝依依，从来挽不住行人的衣袖，一池碧水，点点滴滴都是离人眼泪。

柳七经历过很多场离别，欣赏过很多的美景，走走停停，来来往往，也不过是空把光阴蹉跎。等他终于累了倦了，想要停留，却恍然发现没有了停下的理由。

必是心有所求，才会出发，才会归来，才会停留。他是累了所以才回来休憩，美景固然令人心旷神怡，却终究不能将人长期挽留，故土、故人、故情，这才是最让人无法挣脱的羁绊。可当他从醉人的美景里走出来，寻遍这座阔别五年的城市，才恍然惊醒，原来一切早就物是人非。

如果他能安心做个快快乐乐的观光客，走马观花，潦草度日，就会少了伤怀感旧的痛苦，可他太认真，以前丢下热闹浮名去认真漂泊，现在回来，又不辞辛劳地想把旧日情景一起寻回。可他忘了，就像没有无缘无故的爱恨，世间本就没有无缘无故的等待，那些一路上逐他天南海北而行的相思或是出于爱慕，但并不是所有爱慕都能天荒地老不灭。最残忍不过时间的笔墨，把热闹改写成热闹过，也把爱写成了相爱过，若不能遗忘，就只能拥抱着回忆取暖。

一切便如天气，会慢慢暖起来或慢慢凉下去，炙热的夏天与酷寒的冬季都不是在一天内到来的，可等到人惊觉气候的变化时，一季又已将过去。

当年他虽无功名，却才名远播，也是汴京城里受人瞩目的人物，尤其在佳人美女云集的妓坊，他俘获了无数芳心，风流生活好不惬意。每当夜晚来临，整座皇城灯火通明，最热闹处自然是花街柳巷、秦楼楚馆，既有王孙公子一掷千金，博戏猜拳，也有落魄书生以笔墨丹青讨得红颜一笑。柳七虽然在仕途上摔了一个又一个跟头，但在情路上可谓春风得意，他每每出现，常惹来歌姬舞女的竟相示好，她们爱他的风流潇洒，更感激他的真心相待。他一度沉沦在这管弦呕哑、寻花问柳的放浪生活中，收获着红颜知己的爱慕，也把自己的深情托付出去。

红颜知己，自是令人向往不已——红颜美则美矣，却不是最重要的，难得的是心灵的贴近。他在最在意的仕途上吃到的苦头，总要有人倾听才能略减一二，他对未来的设想和期待，也当有人鼓励才能继续坚持。但世事纷纭终究难料，他决绝离去又辗转归来，昔日为他送别的人早已不在原处。与他"执手相看泪眼"的佳人，为他"旋挥翠管红窗畔"的瑶卿，如今已如迎风飘去的花粉，不知散落何方。那些与他共同分担生命悲喜的人，就像在秦楼乘凤而去的萧史和弄玉，从此再无踪影，留下世间人再听不到那悦耳的玉箫声。往事不会重演，逝去的快乐不会重来，纵然还会遇到新的风景，邂逅新的知音，毕竟已变了滋味。

"前事难重偶"，往昔的欢愉与今日的遗憾交织，这才是生活的本来面目。柳七在另一首词里也表达过相同的情绪。

花隔铜壶，露晞金掌，都门十二清晓。帝里风光烂漫，偏爱春杪。烟轻昼永，引莺啭上林，鱼游灵沼。巷陌乍晴，香尘染惹，垂杨芳草。

因念秦楼彩凤，楚观朝云，往昔曾迷歌笑。别来岁久，偶忆欢盟重到。人面桃花，未知何处，但掩朱扉悄悄。尽日伫立无言，赢得凄凉怀抱。

——《满朝欢》

"春杪"是暮春之意，很多诗人到了这个时节，常有惜春之叹。柳七心里也溢满感伤，却是因人事而起，并非因风景而生，所以他没有把内心密布的愁云移情入景，而是如实描画着汴京的明媚春光。春日的清晨，鲜花盛放，露水晶莹，薄雾轻烟缭绕不休，莺啼燕语婉转入耳，游鱼惊破了池沼的美梦，泛起涟漪，犹如词人并不平静的心湖。不论是汴京城里的纵横巷陌，还是城外的辽阔郊野，处处阳光温淡，花香怡人，杨柳婀娜起舞，芳草随风摇曳。所谓静好的岁月，大抵不过如此。

　　走过美好的风景，就希望和亲近的人分享，多数人必是怀着这样的想法，柳七也不例外。可是每个人都有属于自己的地图，短暂同行的旅程结束，向南向北，朝东朝西，各自踏上自己的路，有的人会再相逢，有的人再也见不到了。"彩凤""朝云"大概是指代柳七思念的人，"秦楼""楚馆"是柳七与她们相识相知并定情的地方。昔日歌笑令人沉醉，即便在今时今日想起来，依然向往不已，除了向往那恣意的欢乐，更怀念当时与自己牵手的人。"人面桃花，未知何处。"全词百余字，最触动愁肠的便是这一句了。

　　"人面桃花"出自唐朝诗人崔护的《题都城南庄》："去年今日此门中，人面桃花相映红。人面不知何处去，桃花依旧笑春风。"贞元十二年（796年），崔护科举落榜，寄居长安。第二年清明节，他一个人前往城南踏青，路上口渴难耐，便走到一户人家去讨水喝。这户人家园中花木丛生，桃花盛放。崔护叩门讨水，过了一会儿，一个女子从门缝应声，一番询问后开门将他引入屋内，让他坐下，并端来杯盏。崔护喝水时，女子走出门去，独倚桃树，风姿绰约，这一幕情景极美，一下子就拨动了崔护心里的情弦。崔护对女子萌生爱意，上前搭话，女子害羞不语，但一双水光潋滟的眼眸出卖了她心里的情意。良久以后，崔护告辞，女子送他到院门，一个依依不舍地离去，一个心怀着眷恋地遥望。这缘分来得自然又奇妙，让旁观者也忍不住想替他们求一个鸾凤和鸣的结局，可惜事与愿违，一时情动的崔护很快就把这件事忘记了。直到第二年清明他偶然想起此事，又依循回忆找到那女子家中，却只见柴门紧锁，于是他在门扉上题写了这一首诗。

轻易地动了心，又轻易地忘了情，许久之后来一番情深意切地长吁短叹，反复咂摸，总觉得这故事透着一股凉薄的矫情。可是这首诗实在太美，美到让人忘了去深究故事里的多情与薄情。想清明依旧、桃花依旧、春风依旧，诗人也依旧，只是不见了那个可与桃花比美的女子，又是残缺与遗憾并存的招数，无论用了多少次，依然能戳中善感者的心窝。不知是否因为人人心中都有对残缺的执念，所以破碎的美才显得特别动人。崔护存诗不过六首，仅此一篇已足以让他在群星璀璨的唐代诗坛占据一席。

后世人用"人面桃花"代指爱慕而不得的女子，柳七的《满朝欢》里当是指得到而又失去的佳人。他们之间曾经拥有的甜蜜和悲伤，终于还是被时光的河流带走了。流水不逆，恩爱不回，念及此间种种，除"凄凉"二字再也无从形容。

这一次回汴京本是为了休息，身体放松了，但他的心灵依然疲惫。每到旧地，再无人替柳七分担物是人非的伤感，旧人不在，旧情已泯，这让他困惑，究竟是守着回忆轻松，还是应该再次踏上征程？

古道西风瘦马

　　人至中年，好奇与憧憬渐渐变得稀薄，回忆反而日益沉重。倘若有三两拥有共同回忆的知己好友，能够闲来饮酒品茶，共话往事，倒也堪堪算得上甜蜜的负担。无奈人生聚散匆匆，此恨最是无穷。汴京繁华依旧，甚至比几年前更繁荣了，穿行于人声鼎沸的市井，看别人嬉笑怒骂，却没有人与他共享悲喜，于是越热闹越孤单，知交零落，往事晦涩，这座城市留不住他了。

　　柳七在汴京停留数月，就又一匹单骑、简单行囊，匆忙上路。这一次不再南下，他选择朝西而行，出发时间选在清晨，朝阳还赖床一样在东方的地平线上缓慢向上攀爬，阳光比情人的目光还要温柔。露珠晶莹滚动，如同他年轻时闪亮的理想，只怕最终还是会被炽烈起来的阳光晒干。

　　他背对着晨间的朝阳，离京西游，一路到了关中地区。

　　这是一片与南国风景迥异的土地，和汴京也大为不同。横亘在他眼前的是一片广阔的黄土地，不见亭台楼榭，不见小桥流水，不见车水马龙，只有极目的旷远，偶尔有三两行客与他擦肩而过，提醒着他自己并不是这里唯一的访客。两阕《少年游》是柳七游历西北时留下的经典作品，让后人能有机会看到他眼中的秦陇风光。

长安古道马迟迟，高柳乱蝉栖。夕阳岛外，秋风原上，目断四天垂。

归云一去无踪迹，何处是前期。狎兴生疏，酒徒萧索，不似少年时。

——《少年游》

长安古道遥遥伸向天际，两侧是高大的柳树，树上乱蝉嘶鸣不休，不知是在挽留将逝的夏日还是在驱赶快到的秋天。词人只用一个"高"字，就把西北的柳树与江南的垂柳做了区分，不见婀娜婉转的风致，隐现古朴雄浑，还有一丝怅惘与悲壮，恰与关中的气质相吻合。长安曾是汉唐的都城，而"长安道"作为前往京师的必经之路，必有无数车马驱驰其上，历来都是利禄争逐之地，往来其上，轻易就能知晓得势失势、人生沉浮的滋味。柳七缓辔而行，实实在在地踩在长安的土地上，想到千百年来此间风云聚散、荣辱兴衰，不禁心潮澎湃。

初秋的黄昏，翔鸟回旋日下，风起草低，一眼望去，只见原野茫茫，四方天空仿佛都垂落下来，把孤独的土地和寂寥的词人都困在中央。昔日的长安也曾有今朝汴京的繁华，五侯七贵、骚人墨客、工农商贾穿行其中，美人舞绮罗，壮士百战归，这令人目不暇接的盛世风流，最终都成了历史长卷上的浅色墨迹。

柳七在萧瑟秋风里见到的长安，只有古道、瘦马、高柳、蝉鸣、夕阳、翔鸟、荒野、垂天，一片清远寥落。往昔如同一去再无踪迹的"归云"，他在仕途上的奔波劳碌、情场中的欢爱誓约，所有游冶狎兴、愿望期待不都是如此吗？往事不可追，来路不可期，他顿感垂垂老矣。他少年时向来不以失意为意，狎兴酒醉，狂欢作乐，呼朋唤友，幽期密约，他被这世界刺痛，于是就自己生出刺来作为铠甲，本意是为了保护自己，但在他人看来就是傲慢地对抗，前路由此变得更加崎岖难行。当少时已过，老大无成，他还是失路无期，那光鲜而执着的少年心态早已随风而去，只能长叹一句"不似少年时"。

衰老是人世间最不能避免的事情，老来虽变得沉稳持重，可风发意气也随之消失无踪。正逢寂寥秋日，又是在这辉煌与没落并存的古城，心态上已近迟暮的柳七难免生出无限惆怅。

参差烟树灞陵桥，风物尽前朝。衰杨古柳，几经攀折，憔悴楚宫腰。

夕阳闲淡秋光老，离思满蘅皋。一曲阳关，断肠声尽，独自凭兰桡。

——《少年游》

灞陵桥在长安以东，是古今著名的送别之地，李白曾有"年年柳色，灞陵伤别"的诗句。杨柳明灭，树影参差，柳七抬眼望去，灞陵桥畔尽是前朝风物，惹人怀古伤今，无限怅惘。年年有人在此折柳送别，灞陵桥的衰杨古柳几经攀折，憔悴不堪，状如女子纤细的腰肢。它们见证了几代人的生离死别、爱恨情仇，仍是做着沉默不语的看客，看世间的聚散、悲喜、无常。

有黄昏作为幕布，有夕阳来当点缀，等天光黯淡，秋色显得更加肃杀，词人长叹"秋光老"的时候，何尝不是在叹息自己的老去，在感慨岁月的倥偬无情。当他的心被迟暮的伤感占据，看到的风景也都变成了暗灰色调，连水边高地上生长的香草蘅芜，也笼着一层愁绪。正在这时，一曲《阳关三叠》响了起来，对于一个常年漂泊的人来说，"劝君更尽一杯酒，西出阳关无故人"的曲子是再熟悉不过了，可每次听到，还是能勾起绵绵伤心。曲终，人远，从此又是天涯海角无尽漂泊。

心里积存了太多的苦，路途就会变得更加泥泞，每走一步都要沉陷，直至深陷而不能自拔。人的意志诚然刚强而柔韧，在承受了巨大的痛苦后还有潜力可挖，但是聪明的人会为自己解脱。冬天的松林里，大多数松树都不会被雪压弯，它自知承受不了太多，于是会适时抖动枝丫，雪自然就落了，那些或因愚钝或因固执而一动不动的，常常未至成材就已弯折。

柳七不是不想做个聪明人，把郁积在胸中的愁苦释放，可他早已不复少年时的洒脱，何况"情"这个字，就连本人也常常不能做主。茫茫前路上必有更多漂泊的苦痛，可他在长安滞留一段时间后，还是再次启程了。

> 红尘紫陌，斜阳暮草长安道，是离人、断肠处，迢迢匹马西征。新晴。韶光明媚，轻烟淡薄和风暖，望花村、路隐映，摇鞭时过长亭。愁生。伤凤城仙子，别来千里重行行。又记得临歧，泪眼湿、莲脸盈盈。
>
> 消凝。花朝月夕，最苦冷落银屏。想媚容、耿耿无眠，屈指已算回程。相萦。空万般思忆，争如归去睹倾城。向绣帏、深处并枕，说如此牵情。
>
> ——《引驾行》

"红尘紫陌"形容的是长安的繁华，毕竟是一座历史悠久的古城，纵使失去了昔日独尊的地位，也仍然留存着三分王者的霸气和尊贵。可在斜阳暮草的映衬下，这份勉力维持的威严就显得更加狼狈，就像竭力伪装的开心往往比痛哭流涕更容易让人心酸。离人断魂，自古如是，迢迢匹马上路，既是他过去几年的反复经历，也将是他在未来几年仍要继续的生活。韶光明媚，轻烟淡薄，在这美好的天气里，总会上演悲伤的故事。无人来为他送别，这是一件让人既惆怅又轻松的事，告别的过程被缩短，也就少了很多因反复咀嚼离别才招惹出来的困扰。

可是，谁会不喜欢温柔而深情的守望呢？西北既无故人也无情人，他不禁又想起遥在凤城的佳人。传说当年秦穆公的女儿弄玉吹箫，引来凤凰降临于京城，后来"凤城"就成了京城的代称。不知柳七思念的这位美人究竟是哪位，只知她曾在岔路口为柳七送行，不舍的眼泪挂满娇艳的粉脸。芙蓉面上，珠泪盈盈，这一幕定然打动了词人，让他在多年后仍不时想起，来慰藉自己孤单的旅程。

他知道自己奔波的苦，也知道自己的离开给对方带去了莫大的伤害。女子沦陷于爱情，多是想寻一个能长相厮守的人，陪自己花前月下，赌书泼茶。可如今花好月圆，她只能独守空闺，抱影独坐，任由良夜苦长，屈指掐算着游子的归期。这一幕情景，是在柳七的想象中变得丰满起来的，佳人是因为独守空闺而寂寞，他在路上行走，总是不知不觉就闯入了人群，可为什么还是觉得寂寞？被寂寞折磨到疲惫的时候，他也忍不住想，索性归去与倾城佳人为伴，向她倾诉款款深情，以弥补良多愧疚。

愁情浓到极致时，他是这般想法，可不知怎么，说了无数次"不如归去"的他依旧漂泊在路上。漫长的人生本身就是一段孤独旅程，流浪的执念只有自己能懂，纵使苦多于乐，他还是想坚持。生命里总有这么一段过程，有人忍痛抛弃了安逸，转身投入到痛苦里，却也痛得心甘情愿，或许这也算得上是成长的代价。

天际不识归舟

傍晚时分，潇潇细雨轻轻洒落在苍茫的江面上，秋景经过这一番洗涤，更显清冷高拔。一场秋雨一场凉，冷风一阵紧过一阵，河山凄凉，残阳斜照。柳七伫立在江水边，放眼望去，触目所及尽是衰红败绿，万物凋零，只有无边无际的江水，年复一年日复一日地无言东流。这是 1032 年，柳七游至渭南，写下了著名的羁旅行役词《八声甘州》。

> 对潇潇暮雨洒江天，一番洗清秋。渐霜风凄紧，关河冷落，残照当楼。是处红衰翠减，苒苒物华休。唯有长江水，无语东流。
>
> 不忍登高临远，望故乡渺邈，归思难收。叹年来踪迹，何事苦淹留。想佳人、妆楼颙望，误几回、天际识归舟。争知我、倚阑干处，正恁凝愁。

——《八声甘州》

一阕柳词，又见秋光。四季轮回从来不眠不休，可是柳七笔下却总是秋日的风景，春的明媚与夏的奔放，虽然偶尔出现但又如惊鸿，从来都不能成为《乐章集》的主旋律，凛冽到极致的冬景在柳七的词里也很少见。这大概也与柳七生命的底色相同，明媚的少年时光太短，充满热情的青春岁月又频频遭受打击，他的心迅速苍老，以至于连诗词里也都是沉重色调。其实较之欧阳修、苏轼、李清照、陆游、辛弃疾等宋代大词人，柳七的人生算不得波澜起伏，本不该呈现出这么灰暗的色彩，可幸福常常相似，不幸各有不同，生活的苦涩，终归只有自己品尝得出来。

　　他叹："不忍登高临远，望故乡渺邈，归思难收。"柳七的不忍登高，其实是怕登高，怕站在高处会忍不住眺望故乡，可渺渺无着，归途远阻，岂不是徒惹烦恼。他说的"故乡"不是遥远的崇安，而是向东就能到达的汴京。在他的词里，他乡与故乡的区别有时并不是十分明晰，久在他乡为故乡，当柳七漂泊异地时，常常向往回到汴京；可一旦置身在那繁华都市里了，他又会觉得自己仍旧只是个过客。终是一片浮萍，没有归属，没有着落，便注定了漂泊一世。

　　每每想要归去，却一次又一次滞留他乡，将归期拖延。柳七回想着这些年来的行迹，只能一声长叹，说不清道不明自己到底是因何事淹留而一再难归。他漂泊难归，自然是寂寞凄苦，但伤心的远不止他一人，还有盼郎归来的佳人。美人俏立在高楼上，无数次看到在水天交界处隐现的白帆，都盼着他就在船上，一再期待又一再失望，即使再滚烫的一颗心也会渐渐冷却吧！

人与山水草木的区别也在有情。思妇的情怀，流水不知舟船不懂，可柳七是懂得的。他也想让对方知道，自己虽与她隔着千山万水，却常常是同样情状——"倚阑干处，正恁凝愁"。他盼佳人也知他心意，能共同守得相聚之日，自有云开雾散、柳暗花明的风光。

关于这首慢词《八声甘州》，历来饱受好评。宋代苏轼有云："人皆言柳耆卿词俗，非也。如《八声甘州》云'渐霜风凄紧，关河冷落，残照当楼'，此语与诗句不减唐人高处。"上阕里的情景铺陈大开大阖，确有唐人风范；下阕又将细腻情怀娓娓道出，牵扯出万千思绪，又见宋词长调抒情的优势。到了近代，更有学者王国维赞道："若屯田之《八声甘州》，东坡之《水调歌头》，则伫兴之作，格高千古。"

后世人如何评点，与柳七已无分毫关系。他写词既是要给人读给人唱，更是为了给满腹心事寻个宣泄的出口。旅途太寂寞，也导致羁旅行役词占据了《乐章集》的很大比重。柳七走走停停，把所见所闻所感写作词篇，如一本旅行日记，他只是写他心事，却给后人留下了一笔宝贵的财富，既有幸在千百年后循着蛛丝马迹窥探他的生平，又能依照着词中文字勾勒出那一座座古城和一方方山水在宋代时候的模样。

从渭南转而南下，柳七的下一站是益州，也就是现在的成都。

清澈的锦江从成都南郊缓缓流过，江上烟波浩渺，两岸绿树成荫，远山于青翠葱茏中透出一抹红晕，像少女脸颊上艳丽的胭脂，原来是山上荔枝已经熟透，又逢一场细雨刚刚停歇，被甘霖洗涤过的荔枝更是红得鲜艳。这是唐代诗人张籍在《成都曲》中描绘的成都景象："锦江近西烟水绿，新雨山头荔枝熟。万里桥边多酒家，游人爱向谁家宿。"

若说到成都风光，大诗人杜甫寄居成都草堂时期写下的诸多作品也有描写，或是"清江一曲抱村流，长夏江村事事幽"的幽静闲逸，或是"黄四娘家花满蹊，千朵万朵压枝低"的活泼喧闹。还有一首被众多杜诗名篇遮盖了光彩的小诗《绝句》，也很有味道："江碧鸟逾白，山青花欲燃。今春看又过，何日是归年。"

江上碧波荡漾，白鸟掠过水面，犹如一片雪花坠入了芳草丛中，山林满目青翠，绚烂的花朵更如同燃烧的火焰。绿的醒目，白的扎眼，红的炽烈，这是一幅以色彩为主角的锦江春色图，把最耀眼的最惊艳的统统呈现出来，让人惊喜也让人振奋，随即他又宕开笔锋，道出所有游子的心声："今春看又过，何日是归年。"锦江再美丽、成都再富饶又如何，终归不是杜甫的故乡。

在游子柳七眼中的成都，又是怎样的景象呢？

井络天开，剑岭云横控西夏。地胜异、锦里风流，蚕市繁华，簇簇歌台舞榭。雅俗多游赏，轻裘俊、靓妆艳冶。当春昼，摸石江边，浣花溪畔景如画。

梦应三刀，桥名万里，中和政多暇。仗汉节、揽辔澄清，高掩武侯勋业，文翁风化。台鼎须贤久，方镇静、又思命驾。空遗爱，两蜀三川，异日成嘉话。

——《一寸金》

不同于张籍诗中的锦绣成都，也不同于杜甫诗中的清丽风景，柳七笔下的成都是裹挟着夺人的声势出现的。井宿是二十八星宿之一，古人根据星宿的位置来划分土地区域，井宿对应的正是蜀地，位于川陕之间的剑山上又有剑阁，守剑门天险，素有"剑阁峥嵘而崔嵬，一夫当关，万夫莫开"的战略意义，天开云横，远控西夏，成都的重要由此可见。除了地理位置的重要，这还是一座物阜民丰的城市，锦里风流，蚕市繁华，歌台舞榭处处可见，游人如织，摩肩接踵。熙熙攘攘的人群里，有俊秀少年、艳冶美色，成了自然风物以外的另一道美丽风景。

柳七到达成都时正值阳春三月，除了见到秀美春光之外，还感受到了当地有趣的民俗。蜀地人有三月去海云山摸石占卜的习俗，据说得石者生男，得瓦者生女。不论是摸石者云集的江边，还是因杜诗绝唱而闻名的浣花溪，风景秀美，除了"如画"二字，满腹经纶的柳七竟然找不出其他词汇来形容。

地理位置重要，自然风光秀美，风土人情淳朴，这是《一寸金》上阕的全部内容，不难看出，柳七在以极大的热情讴歌这座初次来到的城市。漂泊已近十年，他走南闯北，见证无数繁华与荒凉，不论通都大邑还是穷山恶水，因为见了太多，有时候看在眼里反倒成了平常风景，成都为何能让柳七如此青睐呢？

这首词与柳七早年所写的《望海潮》一样，其实是投献之作。当时益州太守名为蒋堂，为官清廉，尊师重道，深受当地百姓的爱戴。《宋史·蒋堂传》记载："堂为人清修纯饬，遇事毅然不屈，贫而乐施。好学，工文辞，延誉晚进，至老不倦，尤嗜作诗。"柳七到了成都后，很快就从当地百姓口中得知了这位父母官的事迹，他有意结交，但以一介区区布衣的身份，他也是干谒无门。好在蒋堂爱好文学辞赋，正中柳七所长，由此才有了这首盛赞成都的作品。与《望海潮》中矜持而克制的赞誉相比，《一寸金》里有了比较明显的阿谀之态，在仕途上屡受打击的柳七，似乎也要放弃自己恪守的原则了，这在词的下阕表现得尤为明显。

"梦应三刀"用的是《晋书》中晋人王浚的典故。王浚梦中见到三把刀悬于屋梁，刀刃森森，他正惊恐不已，梁上陡然又多出另一把刀，他旋即从梦中惊醒，想到这种种险况，深感忧虑。王浚向主簿李毅说起这个噩梦，孰料李毅拱手贺喜，他说："三刀为州字，又益一者，明府其临益州乎？"果然不久之后，王浚就升迁为益州刺史。后世便用"三刀梦"来指代官吏升迁。柳七先向蒋堂恭贺一番，祝贺他升迁为成都长官，然后又借诸葛亮送行费祎时所说的"万里之道，从此始也"，恭维蒋堂日后必有青云直上、鹏程万里的大好前途。

蒋堂为人中正平和，又管理有方，初到任上时就胸怀大志，希望能使当地政治清明，局势稳定。这样的愿望很快就实现了，在他兢兢业业的治理下，成都治安井然有序，百姓路不拾遗，夜不闭户，为官者甚至不必为诸多琐事而困扰，反而显得政事闲暇。功绩卓著的蒋堂，简直可与三国时蜀相诸葛亮相媲美，就算是和汉景帝时期在成都兴官学推教化的文翁比较起来，也毫不逊色。在对蒋堂一番盛赞之后，柳七又说，朝廷正需要像蒋公一样的人才，不用多久，他必然会再度升迁，到京师任职，而两蜀三川的百姓也将永远记得他的恩德，他在蜀地的政绩也会传为佳话。

从《宋史》对蒋堂的评价来看，柳七对他的一味褒扬倒也不算虚张声势，可"揽辔澄清，高掩武侯勋业，文翁风化"未免有过誉之嫌，或也只能视为柳七的一家之言。为了避免显得浮夸，他还用了很多历史典故，试图使词篇的格调显得更为深沉大气一些，但掩饰终归是掩饰，本质上的讨好与攀附终究是藏不住的。他之所以在成都又起投献干谒之心，一方面可能确实因为蒋堂的人格魅力，另一方面也与时局有关。

仁宗明道二年（1033 年）三月，听政长达十一年的刘太后病逝。过去的十一年里，因仁宗年幼，朝廷的实际掌控者就是刘太后，等仁宗年纪稍长想真正君临天下时，朝廷内外已遍布太后党羽，他想亲政岂是一件容易的事。如今刘太后去世，皇帝终于可以一吐胸中郁气，谁知道刘太后还留下了遗诏，诏令宋仁宗尊杨太妃为皇太后，然后皇太后"与皇帝同议军国事"。

任何一个稍有骨气的男人都不会心甘情愿当一辈子傀儡，何况还是九五之尊的帝王。在朝中执政大臣的极力反对下，仁宗顺水推舟地将刘太后的遗诏搁置，称皇帝应"知天下情伪"，终于亲政。距离宋仁宗登上皇位，十余年已经弹指而去，他从一个不经人事的孩子成长为胸怀大志的青年，还有整个国家为舞台任他驰骋，任他折腾，宋仁宗时代终于来临，对整个宋朝来说也是翻天覆地的改变。这不是宋仁宗一个人的机会，而是整个时代转变的契机，对每个宦海沉浮的人来说都是如此，或喜或忧，或好或坏，必有转变从此开始。

十年来没有参加科举考试的柳七，已经到了知天命年纪的柳七，本来已不再对仕途抱有太多幻想的柳七，他那一颗衰老的心终于又怦怦跳动，犹如少年时一样激动不已。出仕的梦想死灰复燃，枯草重生，这让他坐立不安。他计划行更多的路，看更多的风景，原本已经到了两湖地区，但当朝局变动的消息传来，他仅在洞庭、湘江一带短暂停留就匆匆策马回程，朝着汴京去了。

漂泊历程中得到了什么又失去了什么，已计较不清，该怨谁恨谁又该感激谁，也无须再清算。那一颗蠢蠢欲动的心让人无法欺骗自己，他不愿耽误行程。十年漫游仿佛一场大梦，他因仕途的无望辗转出走，又因希望的到来毅然回归，就像只是在原地转了一个圈儿，汴京风光并没有太大变化，可他已从四十岁步入了五十岁的门槛。

第五章

尘烟如梦花事了

一朝夙愿得偿

　　从汉代的吕雉到清代的慈禧，数千年历史中并不乏后宫干政甚至越俎代庖的现象，她们多以自己年幼的儿子为傀儡，把"母凭子贵"的好处挖掘到了极致。在这些女强人母亲身边长大的小皇帝，或怯懦胆小，或残暴偏执，或愤世嫉俗，在压抑且畸形的环境里，总会多多少少有些性格上的缺陷。由此来看，宋仁宗显得更是难能可贵——他生性宽厚，体恤子民，又有想济世安邦的仁心和开创盛世的壮志，北宋能在仁宗一朝发展到鼎盛，虽然离不开他的祖辈、父辈打下的基础，但和他个人的苦心经营也脱不开关系。

　　宋仁宗亲政后，立刻着手疏远刘太后曾经的亲信，他在短时间内罢免了众多重臣，又将昔日因奏请刘太后还政于仁宗而遭贬黜的范仲淹、宋绶等人召回朝中，委以重任。他还更新朝政，与太后执政时走向自有不同，《宋史》记载："（仁宗）亲政，裁抑侥幸，中外大悦。"这喜悦的人群中，便有一个柳七，他那一直黯

　　　　今宵酒醒何处　　柳永词传

淡非常的仕途似乎陡然亮堂了许多，一颗原本沉淀下去的心也不安分起来，虽已年长，他却仍觉得自己仿若初生牛犊，肯定能闯荡出一些名堂来。

除了重组朝廷中枢班子，宋仁宗还极重视人才的选拔，他知道笼络人才的重要，也深知讨得了文人欢心，才会有人心甘情愿为他歌功颂德，于是他一方面决定增加科举录取的名额，另一方面特设"恩科"，为那些多年来不懈地参加科举而未能中第的人另辟捷径。也就是说，那些常年在科考之路上摔跟头，以至于"白首而不得进"的学子，终于盼来了柳暗花明，他们多年为入仕付出的心血，包括匆匆而逝的年华，终于以参加"恩科"的方式得到了补偿。而柳七，符合这一条件，虽是一桩好事，但一想到他自二十多岁参加科考，直到白首之年才见了曙光，这暗无天日的二十年，不能不令人心酸喟叹。

柳七在鄂州听闻朝廷将开恩科的消息，他抑制不住内心的兴奋，决定立刻返回汴京。好像常年噩梦缠身的人突然沦陷到了一个美梦中，他欣喜到战栗，却又担心自己随时会被唤醒，怕醒来发现不过是黄粱一梦，徒惹伤心。他盼着从此峰回路转，又害怕坠入到更漆黑的深渊里，这是多年受挫的后遗症，他的忐忑无人能够救赎。

一枕清宵好梦，可惜被、邻鸡唤觉。匆匆策马登途，满目淡

烟衰草。前驱风触鸣珂，过霜林、渐觉惊栖鸟。冒征尘远况，自古凄凉长安道。行行又历孤村，楚天阔、望中未晓。

念劳生，惜芳年壮岁，离多欢少。叹断梗难停，暮云渐杳。但黯黯魂消，寸肠凭谁表。恁驰驱、何时是了。又争似、却返瑶京，重买千金笑。

——《轮台子》

离开鄂州的前一夜，他确实做了一宿好梦。至于梦里是见到了红粉佳人还是终于金榜题名，他没有说，只是长叹良宵太短，他还没有把好梦的滋味咂摸彻底，就被邻家雄鸡的晨鸣吵醒了。梦被惊扰，实在可叹，可是他并没有抱怨太多，早点醒来正好早一日上路，匆匆策马登途，回到汴京才是此时此刻最重要的事情。

路上风光不算太好，淡烟衰草，还有些凄凉况味。因是早行，柔和的晨光还不足以将夜寒全部驱散，林中霜花未融，挂满了衰草高木。词人驱马前行，马辔上的玉珂装饰叮当作响，惊飞了林中栖息的雀鸟，足见此时路途上的静寂与冷清。

羁旅途中晨间早行的情景，属温庭筠的《商山早行》流传最广："晨起动征铎，客行悲故乡。鸡声茅店月，人迹板桥霜。"鸡声嘹亮，铃铎叮当，月未隐霜未消，这一幕与柳七《轮台子》里的景象是极相似的，但人物的心情迥异。李商隐诗中的游子仍要朝着与家乡相背的方向赶路，他思乡心切却又一步步远离了家乡，难免悲从中来又无可奈何，但柳七每走一步，距离目的地汴京就近了一步，所以归根究底，此时他的情感底色是明亮而喜悦的。至于那些彷徨无措，实在是因未来的不确定而感到恐惧。自古以来争名逐利的道路上都是兵荒马乱，他好不容易强迫自己远离，如今又一头栽了进来，再次被这路途风尘缭绕，穿越一座座孤村，望遍一片片楚天云海，却不知路的尽头是否果然阳光明媚。

芳年壮岁，离多欢少，这是他在过去十年的生活，如断了的树枝无可依附，也如日暮归云渐渐被黑暗吞噬。愁无处说，苦无处诉，这行行重行行的路途，总也望不到终点。此次重回京师便是解脱，重入脂粉地、温柔乡，千金买笑，佳人相伴，未尝不是一种寄托，总好过流离失所，无枝可依。

青春壮盛之年所受的苦，所落的泪，绝大部分因科举而起。有人说，情路上，若即若离是最无望的距离，握不住丢不掉，反反复复就成折磨，其实何止情路，在任何时候任何场合下，犹豫不决都是一种伤害。好在这一次，他多年的努力终于换来了一次命运的垂怜。这一年春闱，五十一岁的柳七和他的兄长柳三接同登进士第。

东郊向晓星杓亚。报帝里、春来也。柳抬烟眼，花匀露脸，渐觉绿娇红姹。妆点层台芳榭。运神功，丹青无价。

别有尧阶试罢。新郎君、成行如画。杏园风细，桃花浪暖，竟喜羽迁鳞化。遍九陌、相将游冶。骤香尘，宝鞍骄马。

——《柳初新》

人逢喜事精神爽，连过去不以为意的风景，现在也觉得新鲜喜人。北斗星星柄低垂是报春星象，有"斗柄东指，天下皆春"之说，此处一语双关，自然界的春天按时到来，柳七人生的春天也终于翩然而至。看帝里风光，柳眼如丝，花脸吐媚，绿娇红姹，把眼前一切都装扮一新。这美好的景色让他不禁赞道："运神功、丹青无价。"大自然有一柄如椽大笔，在天地之间绘出丹青画卷，而他自己也终于靠着手中笔杆和胸中文墨，换来一片天地以施展抱负。

结束了殿试的进士们络绎出场，一个个风度翩翩，俊美风流。他们获帝王恩宠，得以游览琼林苑，园中春风习习，水波涟涟，仿佛也在替这些一朝高中的士子们高兴。古人称得道升天为"羽化"，又称鲤鱼化龙为"鳞化"，他用羽迁鳞化来形容科举及第似乎略有夸张，但在那个时代，确实"朝为田舍郎，暮登天子堂"，云泥之别的身份地位，正是无数文人挣不脱的名利诱惑。

唐代诗人孟郊一生参加过三次科举，但"两度长安陌，空将泪见花"，第三次终于及进士第，兴奋不已的他几乎是颤抖着双手写下了"平生第一快诗"《登科后》："昔日龌龊不足夸，今朝放荡思无涯。春风得意马蹄疾，一日看尽长安花。"

同榜高中的进士们常常结伴同游京城，欣赏美景不是目的，只是想要尽情炫耀内心的喜悦。得意的岂是"春风",实是诗人自己;马蹄翻飞也未必有多"疾",而是他的欣喜太过盛大。终于得偿所愿的柳七也是这样,和其他喜得功名的人一起离开琼林苑,在京城中奔驰而过,打马过街,马蹄卷起了阵阵香尘。

又踏上了这争名逐利的"长安道",这一次他的心没有被碾碎,多年翘首以盼的功名也握在了手里,他喜悦,也忍不住悲伤。年少时以为求得功名可以光耀门楣,还能宽慰老父亲那不得志的郁郁之心,可白驹过隙,老父已长眠地下多年,他才有了一番实在算不上显赫的作为,喜悦也被打了折扣。迟到的祝福、晚熟的果子,还有开在寒风里的花朵,虽也美好,但终归美得勉强。

他拿到了进入官场的门票,门内是另一个世界,风景如何,他不知道。为这浮名他倾尽半生,一朝梦圆也算没有平白辜负了自己。他振奋精神,扬鞭上路,辉煌还是惨淡,只能全部接受。

老来出入官场

　　柳七被授予的第一任官职是睦州团练使推官，这是一个地位极低的职务，每日只需辅佐地方长官处理府务，掌理簿书即可。让胸怀大志的柳七来做这些闲散事情，未免有点大材小用，柳七心里也难免愤愤不平，但一想到唐朝的文人士子，他又觉得自己幸运了很多。

　　在唐朝，进士及第并不等同于进入官场，只意味着获得了做官的资格，如果想要得到实际官职，就要参加吏部严格的"选试"，即使身、颜、书、判四试都通过了，距离得到官职也还有一步之遥——那就是要呈请皇帝授予官职。这一步，有人等了十年甚至二十年，因为授官是没有时限的，要等到合适的官职本就不易，再加上竞争者云集，所以有些人耗尽半生考取进士，余生便又虚耗在了漫长的等待中。

　　宋代科举改革废除了吏部选试这一关，考中进士就能立即授予官职，名列前茅的甚至一下子就能获得高官厚禄。所以，虽然团练使推官的职位卑微，但相较于唐代士子面临的窘境，柳七的境遇也就不再显得那么糟糕了，起码他已经上路，还能去争取去奋斗，不必把大好时光全都浪费在起点上。

柳七从汴京启程，要奔赴千里到睦州走马上任。途中经过苏州，他得知从睦州而来的范仲淹恰好也在苏州，于是前去拜会，并写下一首词送给范仲淹。

　　吴会风流。人烟好，高下水际山头。瑶台绛阙，依约蓬丘。万井千闾富庶，雄压十三州。触处青蛾画舸，红粉朱楼。

　　方面委元侯。致讼简时丰，继日欢游。襦温袴暖，已扇民讴。旦暮锋车命驾，重整济川舟。当恁时，沙堤路稳，归去难留。

——《瑞鹧鸪》

在此之前，范仲淹刚刚经历了人生的重大波折。因后宫争端，宋仁宗决意废黜郭皇后，范仲淹认为皇后废立是国家大事，轻易定夺有损国体和皇家威严，于是进谏希望皇帝能收回成命。但仁宗心意已决，再加上范仲淹的政敌——当时的宰相吕夷简一味推波助澜，宋仁宗一纸诏书把范仲淹贬到了睦州。范仲淹到了睦州后，于秀美山水中稀释了内心的抑郁，然后着力发展当地的教育，扩建书院并邀请名师，甚至亲自为莘莘学子讲经授课。半年后，范仲淹又被调任苏州知州，这才机缘巧合地与柳七在苏州邂逅。

一个从睦州来，一个向睦州去；一个仕途失意刚刚跌落谷底，一个春风得意正踏出为官的第一步。他们同在仕途奔波，又都在文坛享有才名，不过相较而言，范仲淹在政治、军事上的作为远超过他的文学成就，而柳七作为词坛巨匠，他在仕途上的成就实在不值一提。

尽管此时范仲淹仕途受挫，但他的地位仍远远高于柳七。这一首《瑞鹧鸪》，多少带有攀附结交的深意。和当初献给益州太守蒋堂的《一寸金》相似，柳七在词中先赞颂对方辖地物阜民丰、钟灵毓秀，然后歌颂对方功业事迹，最后祝对方前程似锦。

柳七已往来苏州数次，这里的人杰地灵、繁荣富庶他已十分熟悉，仍旧不吝赞美之词地把这人间仙境的"好""富""雄"一一道出。群山如幛，江水如纱，清水托起画舫，岸边朱楼矗立，这般景致已是极美，当这静如画布的风景里突然走入青蛾红粉，更如画龙点睛，陡添灵动色彩。

在赞颂范仲淹的功绩时，先说他之所以能被调任苏州，是因为此前功勋卓著，到了苏州后同样治下安定，百姓少诉讼争端，生活富庶免于颠沛流离。事实上范仲淹从睦州被调往苏州，官职虽然略有升迁，境况稍有好转，但毕竟仍处于贬谪之中，柳七只用简单几句轻易就化解了范公处于迁谪中的窘迫，可见在放浪狂傲本性外，柳七也有他圆滑的一面。

"襦温袴暖"四字化用了汉代官吏廉范的典故。廉范任蜀郡太守时，发现当地一到夜间就十分安静，不仅街上不见人影，连屋舍内也不见灯光，打听后才知，原来因为当地房屋之间空隙狭窄，每每因一点星火引发大祸，于是官府明文禁止百姓夜间点火做工。廉范上任以后，立即废除了原来的禁令，并且要求百姓平时储水防火。为了感谢廉范，蜀地百姓编了这样一首歌谣："廉叔度（叔度是廉范的字），来何暮。不禁火，民安作。昔无襦，今五袴。"

柳七把范仲淹比作廉范，赞美他体恤百姓。事实上，范仲淹对苏州的贡献比廉范解除禁火令之类意义更为重大。他刚到苏州就恰逢夏洪与秋汛相继而来，这座被诩为"人间天堂"的城市涝灾严重，民不聊生，范仲淹身先士卒带领百姓治水排涝，又经休养生息，才终于换回苏州的锦绣面目。柳七对范仲淹的赞誉，其实并不为过。

一番恭维赞美之后，柳七又道："旦暮锋车命驾，重整济川舟。"不日之内必将有调令召他回京并委以重任，所以一定要早晚间备好车驾，以随时进京赴任，到时候，只怕这座"万井千闾富庶，雄压十三州"的城市也留不住他了。

史书上并无关于柳七和范仲淹交集的更多记载，只有这首词供后人探索寻觅。柳七对范仲淹的赞美，或是出于政治诉求而刻意为之，但也不乏真心的仰慕。范仲淹自幼有志于天下，为政清廉，体恤百姓，作为谏官又刚直不阿，恪守原则，有礼又有节，这是很多寒门士子入仕的初衷，可官场风云诡谲，仕途坎坷难行，有几人能做到初衷不改？就连恣肆骄傲的柳七，也不得不一次又一次闪避乃至弯腰。对于范仲淹这样如青松翠竹一样的人物，他心甘情愿为之献上滔滔仰慕。

遗憾的是，不知这两位风云人物的相见是怎样的情景，也不知范仲淹读到这首《瑞鹧鸪》时又是何种反应。范仲淹无疑秉持着儒家传统观念，而柳七则是个风流名声在外的"浪荡子"，范公会怜惜其才还是避而远之，也不为今人所知。

游宦不如归去

睦州位于浙西地区，包括现在的建德、桐庐、淳安等地，古时候又被称为桐庐郡，桐江即富春江流经此地，江水潺潺，群山叠翠，间杂兽啼鸟鸣虫语，也算得上是一方风景如画的土地了。当年范仲淹被贬谪至此，就曾靠着这里的山川秀色来疗愈心灵之伤。

范仲淹被调任苏州知州后，接替他治理睦州的人是吕蔚。吕蔚出身官宦世家，他的父亲吕端是宋真宗一朝的宰相，他病重时，真宗曾亲自到吕府探望，这无上殊荣令无数人羡慕。柳七来到睦州，就是辅佐吕蔚处理政务。

仕途奔波苦不堪言，即便是这个卑微的职位也是他千辛万苦才终于获得的，自然十分珍惜。天地虽小，他却想释放出最大的力量，希望能够有所作为，换得一片青云，然后腾云而上。他年轻时放浪形骸，老来虽然有所收敛，但依然不改浪子本性，不过自从到睦州上任，他却出人意料地把那些经风沐雨依然不改的不羁本性全部按捺下来，兢兢业业又本本分分地做着自己的分内事。

他到任之前，吕蔚并没有对这位声名显赫的团练使推官寄予太大希望，本以为这个风流才子未必会有从政的真才实干，大抵会潦草应付，糊涂度日。认真且能干的柳七显然让他大感意外，吕蔚又观察数日，不但改变了对柳七的偏见，还对他非常赏识。仅过了一个月，吕蔚就向朝廷破格举荐，称像柳七这样的有才之人应该胜任更高的官职。一般来说，官员要连任三年且经过考绩后才有被举荐的资格，但幕职官与县令等可以不受这条法令的约束，柳七一介幕职小吏，恰好不受此限制，所以吕蔚才能向朝廷举荐柳七。

倘若就此顺风顺水地升了官，《乐章集》里伤感而颓唐的色彩或许会淡了三分。命运对柳七的考验显然还未结束，潦倒而残酷的运数还不到终结的时候。吕蔚的举荐信刚刚呈送上去，立刻就遭到了朝中大臣的反对。御史知杂事郭劝认为柳七并没有在睦州做出什么政绩，吕蔚却为之做了引荐，显然是出于两人的私交。这件事在朝中引起不小的风波，非议不断，不仅柳七最后未能如愿升迁，甚至导致朝廷又下了一道诏令："幕职州县官，初任未成考者，毋得奏举。"

好像所有的好运都已在宋仁宗开设恩科的时候就用光了，他就这样和升迁机会擦肩而过。本来是怀着热忱的期待，却被浇了一盆冰水，不只寒冷刺骨，更有人在旁幸灾乐祸地说着风凉话。

他有冤无处申，有苦无处诉，有恨无处报，只能把这难言的痛苦再次交给时光去解决。从前的放浪生活已经成了现在的绊脚石，歌儿舞女们赞他风流多才，仕途同僚却斥他行为不检，甚至不齿与他同朝，关于这一切他心知肚明，可年少轻狂的时光不是笔墨晕开就能全部涂抹去的。昔日欢乐成了今朝苦果，只有他自己吞咽。

这次举荐风波对柳七打击极大，他郁郁寡欢，做什么都没了兴致，于是出外游玩，想寄情山水，以解忧消愁。这一日他来到了州境内桐庐县的桐江江畔，面对萧疏的秋暮之景，抒老暮之感，叹人生多劫。

　　暮雨初收，长川静、征帆夜落。临岛屿、蓼烟疏淡，苇风萧索。几许渔人飞短艇，尽载灯火归村落。遣行客、当此念回程，伤漂泊。

　　桐江好，烟漠漠。波似染，山如削。绕严陵滩畔，鹭飞鱼跃。游宦区区成底事，平生况有云泉约。归去来、一曲仲宣吟，从军乐。

——《满江红》

又是开篇见"雨"！阴雨天几乎是柳词中最常见的天气，他对雨水显示出了极大的偏爱，譬如《雨霖铃》中有"骤雨初歇，都门帐饮无绪"，《玉蝴蝶》中有"望处雨收云断"。他生命里邂逅的雨天，当然不可能多过晴日，只因有太多愁思，连绵如水，漫卷如风，阴雨雾霾轻而易举就勾起了他的心事，他不得不对这如生命一样的雨天又爱又恨，更做不到视而不见。

黄昏时分雨水刚刚停歇，桐江江畔仍然烟雨迷蒙。词人伫立江边，见江水缓缓流淌，征帆在暮色中缓缓落下，船只终于靠岸停泊。江岸高于水中洲渚，他居高临下地遥望水蓼迷离、芦苇疏落的岛屿，感受着这个季节的萧索与落寞在那一座小小孤岛上升腾成浓浓的雾气，他被包裹被缠绕，挣脱不得。

这一幕情景本是淡而静的，突然有渔人划着小船飞快掠过，伤感与静谧悉数被打破。"几许渔人飞短艇，尽载灯火归村落"，渔人们在夜幕中倾力划船，原来是为了更快靠近岸上闪烁的灯火！每一盏在夜幕中静静亮着的灯，都是温暖的讯号，意味着家、亲情、安逸、守候，还有知足。旁人的幸福常常被拿来衬托自己的不幸，柳七是为了光明的前程才千里迢迢来到睦州，到了这里才发现不过是走上了另一条夜路，无人掌灯，无人指引，他走得太过吃力，于是才对旧日旧地的安逸生出了向往。

他生出归去之心，并不是因为睦州不美。桐江上烟水涣漫，碧波似染，两岸重峦叠嶂，峰峦如削，这样柔和婉转又不失棱角的景色当然诱人。很快船行至严陵滩，只见白鹭悠然而去，鱼儿欢跃出水，风光悠然恬淡，归心又深一重。若说夜色中逐灯火而去的渔人催生了他的归乡之念，那么严陵滩如桃源一样的世外风光则引出了他的归隐之心。

严陵滩在桐庐县南，东汉光武帝时，名士严子陵在此隐居，此滩因而得名。严子陵本与汉光武帝刘秀有同窗之谊，刘秀称帝后，他隐姓埋名在山中。后来刘秀命人四处寻访，终于寻到并请他出山任职。严子陵居宫中数日，刘秀真正做到了礼贤下士，但不久之后，他还是离开京城回到了桐江江畔。严子陵这种淡泊明志、不求闻达的胸怀，历来被后人敬仰。范仲淹在睦州的德政之一，就是主持修建了严先生祠堂，并撰写了一篇《严先生祠堂记》，篇末几句可代表后世多数人对严子陵的评价："云山苍苍，江水泱泱。先生之风，山高水长。"

　　在严子陵昔日隐居的地方，他突然感觉到疲惫不堪，过往对仕途的执着犹如压在肩上的巨石，让他寸步难行。"游宦区区成底事"，这是他发自心底的叹息！"区区"在此形容的是愚钝而固执的样子，他突然不知道生活的意义何在，因为他如此执着地宦游在外，却不知究竟是为了什么在辛苦奔波。其实并非"不知"，而是他所期待的一直未能实现，他终于决定要放弃这无谓的执着——既然宦游一事无成，不如"归去来，一曲仲宣吟，从军乐"！他直接用了陶渊明《归去来兮辞》中的句子，又化用东汉王粲（字仲宣）在《从军行》中大抒从军之苦和归京之乐的典故，归隐之心如雪中红莲、三更圆月，再明显不过。

　　归去归去，这样的曲调他已唱了太多次。从前是想终止徒劳的奔波，寻个安逸的归宿，后来喜讯从天而降，他以为自己可以终老于豁然开阔、柳暗花明的名利路上，却又发现这条路还是不通。路不通，心已倦，从前是有心无力，现在是无力亦无心，他的仕宦梦从睦州开始，似乎也马上将在这桐江畔醒来了。

谁懂赤子之心

升迁受挫后，柳七在睦州平平静静地度过了两年有余，把分内政务处理得井然有序，闲暇时候游山逛水，倒也落得清闲自在，权当修身养性。多年来他习惯了奔走漂泊，如今落脚在这个山明水秀的地方，他又觉安慰又觉心酸。安稳的归宿固然令人喜悦，但同时也意味着梦想的搁浅。他投献无门，难得有人赏识他并愿意为他举荐，谁料横生波折，接下来似乎顺其自然才是他唯一的出路。

景祐四年（1037年），柳七从睦州团练使推官调任余杭县令。这一年，他已经五十四岁了。像在睦州时一样，他勤勉政务，兢兢业业，不过也仅此而已，他不再奢望命运的青睐。

他为官清正，当地讼简词稀，百姓对他十分爱戴。明代的《嘉庆余杭县志》把他归入名宦之列，记载道："柳永字耆卿，仁宗景祐间余杭县令，长于词赋，为人风雅不羁，而抚民清净，安于无事。百姓爱之，建瓯江楼于溪南，公余啸咏。"作为一个文

人，风雅文墨就像每日酒茶必不可少。他在余杭苕溪南畔修建的
甄江楼，一时间成了附近文人雅士会友填词的场所，甚至宋代以
后，也常有余杭文人聚集于此，谈琴棋书画，品诗酒花茶。如
今，甄江楼虽已消失在历史的战火烽烟里，但像柳七在余杭的政
绩一样，都存在于余杭人的心中。

又是两年光阴飞逝，1039年，他被调离余杭，任命为浙江定
海晓峰盐场的盐监。宋代祝穆的《方舆胜览》记载："柳耆卿监定
海晓峰盐场，有题咏。"所谓"题咏"指的是他刻石于官舍的一
首词。

偶登眺。凭小阑、艳阳时节，乍晴天气，是处闲花芳草。遥
山万叠云散，涨海千里，潮平波浩渺。烟村院落，是谁家绿树，
数声啼鸟。

旅情悄。远信沉沉，离魂杳杳。对景伤怀，度日无言谁表。
惆怅旧欢何处，后约难凭，看看春又老。盈盈泪眼，望仙乡，隐
隐断霞残照。

——《留客住》

盐场位于舟山列岛，周围是大海，每逢涨潮景象非常壮观，
常能激发起观潮者的满腔豪气。柳七已不复当年锐气，又在波澜
不兴的宦途上沉淀五载，潮起潮落的跌宕没有吸引他的目光，反
而是那些平淡但怡然的景象更能留住他的脚步。

今宵酒醒何处 柳永词传

阳春三月，无风无雨，艳阳当空，正逢好时节里的好天气，他偶然登高凭栏远眺，只见美好的春日正不动声色地在大地上铺展开来。闲花芳草处处可见，在阳光的温柔轻抚下，笼罩着群山的雾气慢慢散去，山峦终于露出青翠而妩媚的面容。海上风平浪静，烟波浩渺，似是不忍心打破这一份宁静，连涨潮都悄无声息，似是小心翼翼地，唯恐惊扰了谁的美梦。在这样的静谧下，远处烟村里突然传来的鸟啼也显得那样清脆响亮，侧耳倾听，仿佛还能听到鸟在振翅、虫在低语。

时光本安静无波，奈何有人一遍遍演着庸人自扰的大戏。有时候越是平淡如水的表象下，越是暗潮涌动。他看着眼前云淡风轻、无波无澜的风景，心里却如一团乱麻。远信沉沉，离魂杳杳，旧欢何处，后约难凭，春来又老，这以上种种，都只是一块石、一滴水，并不能伤人太深，可轰隆隆一起落到词人头上，就聚起高山汇成汪洋，他尚且来不及呼救就已被吞没。

如此来看，他似是已对仕途心灰意冷，不再抱着飞黄腾达的期待，这种种不安，不过是在颓废岁月里养成的习惯，见花落而伤怀，闻雁鸣而惆怅，逢黄昏而黯然。没有谁愿意沉浸在悲伤的情绪里，可他无力自救。可即便消沉颓丧如此，他还是有澎湃的愤怒，那是一种超越了文人式哀愁的政治家的愤怒。

柳七是个称职的官员，虽然他对仕途已不再抱有多少期待，但每到一任都绝不敷衍，绝不将就，虽未必能到殚精竭虑的程度，但也绝对上对得起朝廷，下对得起黎民，且不辜负自己多年读的圣贤书。他到了定海以后，很快就深入盐场，了解当地盐民亭户的生活。这一走访，他愕然发现，在这海晏河清的太平盛世，竟还有百姓生活在水深火热里。

在古代，盐和铁是由政府垄断的，一方面盐铁资源稀缺，又是日常生活与军事活动中不可或缺的资源，控制了盐铁不仅能谋取暴利，同时还有利于稳定政府，就如明代官员王铎所言："笼天下盐铁之利，则军帅无侵渔，遄行无绝饷，而中国可高枕矣。"所以，盐铁官营的传统始自汉代，其后历朝历代统治者无不遵循，且会对私贩盐铁的人处以极其严厉的惩罚。舟山位置滨海，本可坐享渔盐之利，无奈宋代时盐法苛刻，盐税太重，盐民受到的剥削太过残酷，在夹缝中简直衣食无着，寸步难行。柳七的《煮海歌》就是为了反映盐民的痛苦而作："煮海之民何所营？妇无蚕织夫无耕。衣食之源太寥落，牢盆煮就汝轮征……"

他真正走到了盐场里，才切切实实感受到了盐民的无奈。盐民要靠海吃饭，既无耕地又无桑蚕，除了煮盐别无生计，全家衣食都寄托于此。每逢海潮退去，衣衫褴褛的盐民便来到海滩，刮泥、风晒、灌潮、采樵、溜卤、采薪、煮盐，经过一系列严格的程序才能把盐收存起来。这个过程中，风吹日晒水淹自是不提，为了采薪，他们还要到深山老林中去，林中虎豹令人胆战心惊。好不容易把盐收回家中，还是有无穷烦恼。法令规定盐只能卖给官府，在煮盐的过程中以及官府收盐之前，他们只能依靠借贷粮食来维持生计，盐收回来了，负责收盐的官吏也终于来了，但他们悲哀地发现，官府付的报酬极少，盐税又重，他们拿到手的钱少之又少，一部分要支付租赁盐田的钱，另外还要还之前的借贷，借贷利滚利地上涨，几乎已是本金的十倍。在这样窘迫的环境下，盐民的妻子和儿女也不得不去做工，衣不蔽体，食不果腹，又要终日辛勤劳作，以至于形销骨立，面如菜色。

在柳七看来，盐民的遭遇是极不公平的。虽然他此前写过很多颂圣与投献的词作，不乏歌功颂德的声音，但是，他毕竟不是一个为粉饰太平就谄媚阿谀甚至蒙蔽事实的人，他有自己的良知、抱负和不可触碰的底线。他压制不住内心的愤怒，无法不对那些可怜的盐民生出同情，所以才有这篇为民请命的诗作。

他在诗中质问："国家和百姓就像母与子一样，天下哪有不爱惜子女的父母呢，可为什么国家如此繁荣强大，而定海的盐民却贫困潦倒，连基本的生活都难以维持？"他由衷希望国富不忘民富，有朝一日能够"一物不失所，皇仁到海滨"，并提醒朝廷当重视盐铁法令的合理，使国家能如上古时期呈现治世之象。

定海盐民的疾苦像一根利刺扎在词人心头，他迫不及待要为他们请命，为他们申诉。这首诗写得起伏跌宕，情怀悲怆而激昂，比柳七游宦期间创作的多数词作都富有更鲜明的爱憎色彩。

年轻时他有很多愤怒，老来却平静了许多，大概是悲伤耗尽了心力，或是发现愤怒也不能带来出路，索性不再为仕途挣扎劳神，他的喜悦和伤心都像湖上微澜，都是些因春来秋去、雁飞雁回而带来的无关痛痒的情绪。可是，定海盐场里在烈日下佝偻劳作的身影，如石砾投入古井，终于惹出了波澜。说到底他还是期待着能有所作为，且从他在睦州、余杭、定海三地的政绩来看，他并不是一个只会卖弄文雅的酸腐书生，而是确有能力，可终其一生官职不过屯田员外郎，不能不算是个无法弥补的遗憾。

到了清代，一个叫朱绪曾的文人特意为柳七写了一首诗，诗云："积雪飞霜韵事添，晓风残月画图兼。耆卿才调关民隐，莫认红腔昔昔盐。"

"洞悉民瘼，实仁人之言。"这是朱绪曾对《煮海歌》的评价，也是对柳七的赞誉。世人皆知柳七是个手书旖旎词章、沉迷风花雪月的浪子，却不知他那颗渴望为国为民效力的赤子之心。一身才气换了半生凄凉，一颗赤心少有人懂，没有人与他玩这猜心游戏，也终究没有人懂他的寂寞和悲伤。

从来帝心难测

犹记得儿时骑竹马的时光，连困倦时眯起的眼睛都带着不需矜持的笑意，那时候登上高处，想到的是揽月摘星，一走到岔路口，就会对没走过的那条路充满好奇。渐渐地，天真转为复杂，又沉淀成睿智，单薄变得沉重，最后又成了宽厚，狭隘的变得豁达，暴躁的也变得沉稳，这时候再揽镜自照，镜中已是白发翁媪。对年轻时视为生命一样重要的东西，突然不再那么执着了；每每因匆匆行路而错过的，又成为回忆里最让人不能释怀的存在。

这是成长，也是衰老。

不知不觉，柳七六十岁了。花甲也被称为耳顺之年，仅从字面来理解，不论甜言蜜语还是刺耳言论，听来已无太大区别，存着善意的逆耳忠告也好，恶劣而粗野的詈骂也罢，都不会再令人为之变色。柳七虽然未能修行至此，但面对是非起落，也比原来平静了许多，他的心还是自由的，但不再像年轻时一样非要把不羁的灵魂抖搂出来给旁人看个清楚。

从进士及第到如今，九年过去，按理说他也该磨勘改官，奔向更好的前途了。

按照宋代官制，文官包括幕职州县官、京官和升朝官三类，前者即所谓的"选人"，是初等官职，后两种是"京朝官"，属中高级官职。想由选人进入京官行列，就要先通过复杂的磨勘程序，也就是朝廷对官员政绩的勘察，然后再由人举荐，才有可能通过。一般来说，选人要通过三任六考的磨勘，即每任三年，每年一考，这是基本的条件。柳七在睦州、余杭、定海三任上已达九年，且颇有建树，就此升迁为京官本是理所应当的事情。

谁料，庆历三年（1043年），他被调任为泗州判官，仍是幕职。他自知朝廷对自己的印象一直不佳，却没料到落得这般境遇，当真是有苦不能言，有冤无处诉。他年轻时必勃然大怒，甚至因此长袖一甩，扬长而去也未可知。但现在，他只苦笑两声便赴任去了。

这年秋天，"久困选调"的词人又得到了一次改官的机会。司天台奏报说老人星垂眷天际，老人星素来被视为长寿的征兆，宋仁宗听后龙颜大悦。适逢教坊进献了新曲《醉蓬莱》，于是一位"爱其（指柳永）才而怜其潦倒"的史姓官员趁机向皇帝推荐柳七，称他擅词，不妨让他应制来写新词，心情极好的宋仁宗欣然颔首。

柳七又惊又喜，他没想到自己人到暮年还能得到这样的好机会，对他来说，写一首歌功颂德的词并非难事，一下子距离光明的前程这么近，他大喜过望。只要讨得皇帝欢心，改官升迁就不会再像眼下难如登天，他思索再三，谨慎落笔，写成了这首《醉蓬莱》。

渐亭皋叶下，陇首云飞，素秋新霁。华阙中天，锁葱葱佳气。嫩菊黄深，拒霜红浅，近宝阶香砌。玉宇无尘，金茎有露，碧天如水。

正值升平，万几多暇，夜色澄鲜，漏声迢递。南极星中，有老人呈瑞。此际宸游，凤辇何处？度管弦声脆。太液波翻，披香帘卷，月明风细。

——《醉蓬莱》

今人读来并不会觉得这首词有什么不妥，虽然其中并没有富丽堂皇的色彩，也没有王者天下的霸气，但颂圣意味非常明显。梁代诗人柳恽有诗云："亭皋木叶下，陇首秋云飞。"柳七开篇就化用了这两句：秋日里云淡天高，如蝶的枯叶在雨后乍晴时舞出一片迷离。华美而雄伟的宫殿高耸入云，氤氲云雾缭绕，仿佛笼罩着一层王者贵气。玉石阶下，金菊盛开，枫叶经霜，这深黄浅红、婀娜多姿的花卉消融了肃杀秋意，召唤出了这个季节的别样妩媚。

皇帝日理万机，勤政爱民，才有四海升平、八方宁靖的盛世之象。夜色澄鲜，漏声迢递，在这和平而安谧的夜晚，象征着祥瑞的老人星悄然出现在南方天空，预兆着帝王长寿，天下安康。美景如斯，又逢天降祥瑞，真是喜上加喜的大吉之事。皇帝乘兴出游，与民同乐，欣赏着美好的秋色，又有清脆悦耳的管弦声助兴，这一趟出游当真是令人难忘。回到宫廷，又见太液波翻，披香帘卷，月明风细。天下安泰，莫过于此了吧！

文人的雅气与精致犹自呈现在字里行间，比那些干脆明了的颂扬显得含蓄许多，却又更耐得住咀嚼，不易令人生了反感。据宋代的《渑水燕谈录》记载，柳七"欣然走笔，甚自得意"，他对自己的才华信心满满，自认为定能得到皇帝的赏识，从此峰回路转。可是，现实往往与期待背道而驰。如果仅是文采平平，不过是讨不到好处而已，偏偏举荐者已在仁宗面前替他夸下海口，而且他此前的放浪行迹皇帝定也有所耳闻，必然会非常关注他呈献的词作。

《渑水燕谈录》记载：上见首有"渐"字，色若不悦。读至"宸游，凤辇何处"，乃与御制真宗挽词暗合，上惨然。又读至"太液波翻"曰："何不言波澄？"乃掷之于地。永自此不复进用。

先是面色不悦，继而神情惨然，最后竟将柳词掷于地上，从以上表情和动作里不难想象仁宗的心情之差。"渐"字缘何不妥不得而知，但一篇颂词里竟有语句暗合先皇悼词，这实在大大犯了忌讳。

世人赞柳七有一支生花妙笔，但他已经到了垂暮岁月，手中笔、笔尖墨除了给他换回了才子名声，并没有带来其他好处，反而令他一再因词惹祸，前途堪忧，其中的无常与荒谬，实在难以破解。

文字之祸，几乎是所有古代文人挥之不去的噩梦。某种意义上来说，宋仁宗是宽厚且理智的。他的愤怒止步于掷词于地，斩断柳七的升迁之路，并没有将词人投入囹圄，甚至施以极刑。在那因言获罪的事件频频发生的时代，除了帝王，几乎所有人都戴着思想的枷锁，越靠近皇权中心的人，越是必须小心翼翼，谨言慎行，稍有差池就可能从巅峰跌落谷底。柳七不是不懂这个道理，或许是少了经验，或许是不够世故，总之，他掉进了自己设置的陷阱里。

自古伴君如伴虎，他又糊里糊涂地捋到了虎须，还能期待谁来解救他于水火？或许自多年前《鹤冲天》惹出祸事，他就该安安分分地"奉旨填词"，那时候他还年轻，并不甘心就这样止步。每一段路，每一种理想，每一段情感，只要不甘心，就不到尽头，就没有结果。

他以为他可以努力改变这命运，跌跌撞撞几十年，结果还是被命运捉弄。如果说不论笑泪悲喜，这些年里的经历都是成长的代价，这代价又未免太过沉重。不能怨天尤人，可他又何其无辜！但不是所有遗憾都能找到人来负责，有时候也只能一笑而过，再默默舔伤罢了。

今宵酒醒何处 柳永词传

老来畏疾惧死

柳七脚步沉重，疲惫至极，明明已经离相府很远了，他脑海里还回荡着宰相晏殊那不动声色的嘲讽："殊虽作曲子，不曾道'针线闲拈伴伊坐'。"

因为一首《醉蓬莱》触怒了宋仁宗，吏部不放改官，柳七举步维艰，无奈之下只好寄希望于能得到朝中贵人的帮助。他听闻宰相晏殊素有词名，便希望对方能有三分文人之间的惺惺相惜，在仁宗面前为他美言几句，以解他困境。他站在晏殊面前，惴惴不安地表明了来意。对方沉吟半晌，突然发问："贤俊作曲子吗？"

柳七一时有些愣怔，不明就里，下意识地答道："只如相公，亦作曲子。"他的回答带着讨好与亲近："我像您一样也喜欢作曲子啊！"既然双方有共同爱好、共同语言，说不定他不仅会帮自己摆脱目前困境，还会多多提拔。柳七禁不住有些心花怒放，但晏殊一句话就将他美好的幻想击得粉碎。

晏殊说："我虽然也作曲子，但是从来不曾写过像'针线闲拈伴伊坐'这样的词。"原来，宰相大人并不想和他共话诗词，只是想取笑他而已，如他这般富贵高雅，对居于下层又名声恶劣的自己，终归只有不屑而已。

　　自春来、惨绿愁红，芳心是事可可。日上花梢，莺穿柳带，犹压香衾卧。暖酥消，腻云亸，终日厌厌倦梳裹。无那。恨薄情一去，音书无个。

　　早知恁么，悔当初、不把雕鞍锁。向鸡窗、只与蛮笺象管，拘束教吟课。镇相随，莫抛躲。针线闲拈伴伊坐。和我。免使年少，光阴虚过。

　　　　　　　　　　　　　　　　　　——《定风波》

　　这首招致晏殊取笑的《定风波》是柳七年轻时写的，内容并无太大新意，一来是借闺怨表羁旅相思，二来又把仕途坎坷的牢骚发泄了出来。词中女子不想让情郎远行，想与他朝夕相对，长相厮守，希望把他拘束在书房中，铺展诗笺，手握笔管，读书吟课，自己则长伴左右，针线闲拈，与其相依相随，似乎只有这样，才不会辜负光阴，虚度年华。那时候他屡试不第，对仕途难免灰心，每逢科考时又不得不与挚爱分离，难免有抱怨和牢骚溢于笔端。

　　多年前为解愁肠信手涂鸦，此时却成了不容置疑的罪证，他有口难辩，思来想去，也懒得辩解了。他知道，晏殊只是借这一首词表明态度而已。在柳七那些广为传唱的词篇里，这首《定风波》算不得是最"淫俗"的，寄托着他对仕途的厌倦与不满的词也不少。牢骚太盛，难免惹人厌烦，他确实一再说着厌倦仕途的话，却又为了名利弯了脊骨，免不了招人嘲笑。

不论是宋仁宗的震怒，还是宰相晏殊的冷嘲，都是在提醒柳七，统治者不喜欢他，官场不欢迎他，无论是干谒自荐还是勤勉于政，都是徒劳，他已无须再为此劳力劳神。

柳七大病了一场。他身体虽衰弱但头脑清醒，多年以来的经历在脑海中纷纷闪过，快乐和幸福如吉光片羽、金玉珠贝，少之又少，悲伤和痛苦却如六月梅雨、银河繁星。年老之后，人常常会变得弯腰驼背，不知是否因为过去岁月里回忆太重，才压弯了那曾经挺直如松的腰。

所以说，人是老于回忆，而不是老于岁月风霜。

病愈后，词人做了一个重要的决定：改名"三变"为"永"，改字"景庄"为"耆卿"。诚然现在很多人只知"柳永"这个光耀千古的名字，不知"柳三变"才是他的原名，但在他生命的大部分时间里，都是父亲为他选择的"三变"二字响在耳边。可惜，他没有如父亲所期待的那样成为"望之俨然，即之也温，听其言也厉"的君子，甚至与圣人教诲背道而驰，最终以"浪子"闻名。

关于柳七改名之事，流传最广的却是这个版本："柳永，北宋词人。原名三变，字耆卿……屡试不第，直到他改名为'永'，才中了景祐元年（1034年）的进士。"虽然现在很多人都默认了这个说法，但这其实存在明显的漏洞。古人的名与字有密切关系，命字时无外乎三种依据：或取相同相近，如屈原表字为平，文天祥表字为景瑞；或取反义相对，如唐代诗人王绩字无功，南宋朱熹字元晦；或取连义推想，如赵云表字子龙，岳飞表字鹏举。可"三变"与"耆卿"没有关联，富有君子风范的"景庄"才是他最初的表字。同时，"永"字可由水长流不断引申出时间长久之意，长到永久；"耆"字本意年老，也可引申为长寿。

所以，"永"是"永年"，"耆"是"耆老"，他之所以改名，更多是希望自己能够长寿安康吧！《渑水燕谈录》里有记载可为佐证："（柳三变）少有俊才，尤精乐章。后以疾，更名永，字耆卿。"

每个人骨子里天生都会有对疾病和死亡的恐惧，纵使生活异常艰辛，有诸多不顺，多数人还是愿意迎着风雪、踩着荆棘朝前走，还没到尽头，怎知不会有艳阳天气，还未到时间终结，谁知世事不会地覆天翻。所以，渴望生命永久其实是一种向往美好和幸福的天性，与胆怯和懦弱并无必然关系。

也有人说，他是为了摆脱"柳三变"这个已经被朝廷划入"黑名单"的名字，所以才改名换字，也算是改头换面，重新出发了。不知道他本意是否如此，但在晏殊府中遭受的打击，似乎真的是他在仕途上的最后波折了。

不久之后，范仲淹向宋仁宗提出了庆历新政的改革方案，其中包括对磨勘法的修改，将对京朝官选人的情况逐一复审，此前受到的待遇不公平者，可向朝廷申诉。借着这股东风，柳永也得以申诉，经过吏部磨勘成为京官，改官著作佐郎，后被授官西京灵台令。

晚年，他官至屯田员外郎，属从六品，是京官之中官阶最低的。后世人也称呼他"柳屯田"，这便是他在仕途上奔劳大半生所获得的最高荣誉了。但是，似乎并没有人关心"屯田员外郎"是一个怎样的官职，他在这任上又做出了哪些政绩，也无人问津，人们更关心他笔底波澜、心头情意，甚至桃色八卦和暧昧绯闻也比案头的政务更让人好奇——这不可避免，纵使北宋词坛群星璀璨，也不能掩盖他的光芒；他那痴情、多情与无情纠缠不休的情路，始终吸引着人们的目光。这是柳永的成功，也是他的尴尬。

始终是个过客

在最后的年华里，柳永依然沉沦下僚，尝尽宦途之苦。好在年龄已给他的心灵笼上了一层铠甲，虽不能刀枪不入，但一般的痛苦已经不能伤害到他了。说是衰老让人麻木迟钝也好，说是岁月让人沉稳成熟也罢，总之他不再如莽撞少年，被磕碰一下都如小兽般露出爪牙了。

北宋官员七十而致仕，皇祐五年（1053 年），七十岁的柳永也退休了。他已十分苍老，人生七十古来稀，何况一路走来又经历了那么多风雨和坎坷。额头的皱纹、鬓角的白发、枯瘦的双手、佝偻的腰身，还有时而精神抖擞时而迷糊的心神，都在证明着时光的残酷。那唇红齿白的俊俏少年，现在已垂垂老矣，仿佛风中残烛、雨里星火，让人连眼睛都不敢眨，只怕那最后的光彩会在瞬间熄灭。

他也越来越感觉到自己的无力，可是，虽然衰老到连照顾自己都有些勉强，但记忆里总有一幕幕画面鲜活而精彩，仿佛就发生在转身之前。

屈指劳生百岁期。荣瘁相随。利牵名惹逡巡过，奈两轮、玉
走金飞。红颜成白发，极品何为。

尘事常多雅会稀。忍不开眉。画堂歌管深深处，难忘酒盏花
枝。醉乡风景好，携手同归。

——《看花回》

回首往事总免不了百味杂陈，有时候会潸然泪下，也有时候
会开心一笑。词人自知烦恼甚多，理也理不清，索性把回忆一直
停驻在或欢快或甜蜜的幽欢雅会中。尘事繁多，雅会稀少，但每
每令人忍不住弯了眉梢，翘了嘴角。最难忘的美事，莫过于画堂
深处与美人共度，把酒听歌，酒不醉人人自醉，他乐得逍遥。

和这让他反复回味的美事相对应的，是他努力想要忘记的烦
恼。以前觉得人生之路漫漫，总得把想要的东西都收入囊中，才
不辜负锦绣年华，可屈指算来至多不过百年，什么尘世荣辱、功
名利禄，到最后也只是浮云和流星一样的存在，如浮云一样形不
定，变化出万千不同形状，牵扯出人的无穷欲望，又如流星一样
终会消失，终不能与自己长久相伴。得与失并存，成与败相续，
时光一闪而过，红颜成白发，英雄成枯骨，他劳碌一生追求的功
名又有何用呢？

词人很早就知道了这个道理。十多年磕磕绊绊的宦游路上

已知，再往前推，未得功名辗转漂泊时也不止一次发出类似的感叹，甚至在执着于科举考试时也懂得，但他控制不住自己，终于还是在这条路上走到了生命即将终结的时候。有人说这是伟大的理想，也有人说这是贪婪的欲望，他也不知道该如何定义，美好与丑陋、伟大与卑劣，有时候并不容易区分，向前一步或后退半分，并不能从根本上改变他的人生。

已然劳碌了一辈子，等到无力再继续的时候，他终于感叹："醉乡风景好。"享受世俗欢乐是世上极快乐的事情，枉他为了蝇头微利、蜗角虚名而浪费了最好的时光。

在回忆中度了余生，时而微笑时而叹息，也不知是幸还是不幸。他的晚景终归还是凄凉而落寞的，在他晚年所写的惊世长调里，那位衰老词人的孤单背影，让人忍不住湿了眼眶。

晚秋天，一霎微雨洒庭轩。槛菊萧疏，井梧零乱，惹残烟。凄然，望江关，飞云黯淡夕阳闲。当时宋玉悲感，向此临水与登山。远道迢递，行人凄楚，倦听陇水潺湲。正蝉吟败叶，蛩响衰草，相应喧喧。

孤馆度日如年。风露渐变，悄悄至更阑。长天净，绛河清浅，皓月婵娟。思绵绵，夜永对景，那堪屈指，暗想从前。未名未禄，绮陌红楼，往往经岁迁延。

帝里风光好，当年少日，暮宴朝欢。况有狂朋怪侣，遇当歌、对酒竟留连。别来迅景如梭，旧游似梦，烟水程何限。念利名、憔悴长萦绊。追往事、空惨愁颜。漏箭移、稍觉轻寒。渐鸣咽、画角数声残。对闲窗畔，停灯向晓，抱影无眠。

——《戚氏》

晚秋天气逢微雨，菊花残，梧桐乱，烟雾蒙蒙。垂暮老者拄着拐杖，怅然望着茫茫远方，他不由想起悲秋的宋玉，自己忍不住想与他同声相和，为这凋零萧素的秋日唱一首挽歌。远处行道上正有游子走过，让词人一瞬间想到了过去数十年中漂泊的自己，走得太久太远，以至于厌倦了潺湲的水声，更听不得蝉吟蛩响，或嘶哑或洪亮，都只会撩动伤心的心弦。

他独居孤馆，无人来与他分享快乐，也无人来分担痛苦，更觉度日如年。斜阳日暮，孤馆寒灯，最是令人心潮澎湃的时候，长夜漫漫，难以将息。此时风露渐变，人声悄寂的夜里，观银河，对皓月，更容易触发对过去的怀念。他一下子就想起未得功名前沉溺在绮陌红楼里的好时光。

那时候，"帝里风光好，当年少日，暮宴朝欢"，身边又有狂朋怪侣相伴，好不热闹。如今旧人旧情都已在如梭而去的时光里消失不见，往事如烟，更见今日孤馆寒灯下的清寂和落寞。回首往事更让他难以成眠，索性对灯抱影，坐数更筹，听残画角，又熬过一日。

他清醒地意识到，自己所有痛苦的源泉都在"念利名、憔悴长萦绊"这一句。可明白又能如何，他已在那名缰利锁的束缚中度过了一生。

后人说："《离骚》寂寞千载后，《戚氏》凄凉一曲终。"不论是他的文学道路，还是人生道路，都随着这首长达二百多字的慢词的终结而画上了句号。

大概是他声名太盛，而正史又不屑于将他这个浪荡子载入其中，所以与他有关的很多问题都扑朔迷离，难有定论。比如他后来是否续弦，是否有后人，甚至连他的生卒年以及魂归何处都争议纷纷。他大概是在1054年去世，享年七十一岁，有人说他卒于襄阳，有人说他被葬在枣阳县花山，还有人说仪真县有一座柳耆卿墓。

其中祝穆《方舆览胜》里的说法流传最广："（永）卒于襄阳，死之日，家无余产，群妓合葬于南门外，每春日上冢，谓之吊柳七。"人们更愿意相信是一群善良的青楼女子凑钱安葬了他，甚至把其中细节慢慢敷衍开来——据说柳永去世后半城缟素，一片哀声，每逢清明，到他墓前祭扫的歌姬舞女络绎不绝，直到宋室南渡后依然会有人记得清明祭扫。还有诗曰："乐游原上妓如云，尽上风流柳七坟。可笑纷纷缙绅辈，怜才不及众红裙。"既是赞妓女的有情有义，也是赞柳永的千古魅力。

葬在哪里，谁来安葬又有什么关系呢？如他所言，"屈指劳生百岁期"，人人都是过客。他如浮萍漂泊半世，死后的归宿更加不重要了，许是后人太过于爱他，才想把最传奇的经历加诸他的身上，以弥补他从前总是被冷落、忽视，甚至被嘲笑的痛苦。

　　他总是匆匆骑马而过，明明想久留汴京却偏偏纵马离去。他达达的马蹄，是个美丽的错误。他不是归人，始终是个过客。

图书在版编目（CIP）数据

今宵酒醒何处：柳永词传 / 杨柳著 . — 北京：中国华侨出版社，2021.3（2021.5 重印）

ISBN 978-7-5113-8328-0

Ⅰ . ①今… Ⅱ . ①杨… Ⅲ . ①柳永（约 987-1053）- 传记②柳永（约 987-1053）- 宋词 - 诗歌欣赏 Ⅳ . ① K825.6 ② I207.23

中国版本图书馆 CIP 数据核字（2020）第 185924 号

今宵酒醒何处：柳永词传

著　　者 /	杨　柳
责任编辑 /	黄　威
封面设计 /	冬　凡
文字编辑 /	黎　娜
美术编辑 /	李丹丹
经　　销 /	新华书店
开　　本 /	880mm×1230mm　1/32　印张 / 7　字数 / 160 千字
印　　刷 /	三河市燕春印务有限公司
版　　次 /	2021 年 3 月第 1 版　2021 年 10 月第 4 次印刷
书　　号 /	ISBN 978-7-5113-8328-0
定　　价 /	38.00 元

中国华侨出版社　北京市朝阳区西坝河东里 77 号楼底商 5 号　邮编：100028

发 行 部：（010）88893001　　传　真：（010）62707370

网　　址：www.oveaschin.com　　E-mail：oveaschin@sina.com

如果发现印装质量问题，影响阅读，请与印刷厂联系调换。